DOLORES DEL RÍO
MUJER EN EL VOLCÁN

PACO IGNACIO TAIBO I

DOLORES DEL RÍO
MUJER EN EL VOLCÁN
biografía

PLANETA

Colección: ESPEJO DE MÉXICO

Diseño de portada: Mara Behrens
Diseño de interiores: Mara Behrens y Analía Solomonoff
Fotografías: Archivo personal del autor

© 1999, Francisco Ignacio Taibo I
Derechos Reservados
© 1999, Editorial Planeta Mexicana, S.A. de C.V.
Avenida Insurgentes Sur núm. 1162
Colonia del Valle, 03100 México, D.F.

Primera edición: octubre de 1999
ISBN: 968-406-864-6

Ninguna parte de esta publicación, incluido el diseño de la cubierta, puede ser reproducida, almacenada o transmitida en manera alguna ni por ningún medio, sin permiso previo del editor.

Impreso en los talleres de Arte y Ediciones Terra, S.A. de C.V.
Oculistas núm. 43, Colonia Sifón, México, D.F.
Impreso y hecho en México - *Printed and made in Mexico*

En este libro que dedico a Mary Carmen Mahojo de Taibo, quien fue testigo apasionada, entusiasta y fiel seguidora de todo su largo desarrollo, debo dejar constancia de otros agradecimientos.

Nació el tal libro cuando Eulalio Ferrer me encargó que escribiera el guión de una película sobre Dolores.

Recibió material gráfico de Manuel Ávila Camacho, materiales del archivo del historiador Alfonso Taracena e informaciones muy variadas e importantes de Julio Alejandro, quien conoció muy de cerca a la estrella.

Muchas puertas se abrieron en Hollywood a la inquisición del autor.

Muchas confidencias se recibieron de amigos y parientes de Dolores en México, y muchos pidieron no aparecer en este cuadro de agradecimientos en el cual, sin embargo, ha de estar presente el equipo que conformó el diseño del libro y su cuidado editorial: Mara Beherens, Analía Solomonoff y Margarita Sologuren.

México, D.F., agosto de 1999.

INTRODUCCIÓN

Este libro responde a una obsesión que se inicia en 1972, cuando el autor trabajó con Dolores del Río en el guión de una película para la televisión en la que ella contó la parte de su vida que consideró contable.

La película, un largo metraje, se estrenó por el Canal Dos de la televisión mexicana el día 28 de septiembre del año mencionado.

Los dos meses de trabajo en común con Dolores, de escritura y reescritura, fueron excitantes, y no tanto por lo que ella contaba de sí misma como por lo que trataba de ocultar.

Tiempo después, el autor recibió el encargo de escribir una serie de programas de televisión que iba a titularse *Butaca* y que Dolores del Río interpretaría. Esto le proporcionó otra serie de encuentros y conversaciones. La serie nunca se llevó a cabo con Dolores del Río, pero de ahí partió el germen de una novela.

Siempre Dolores apareció en Barcelona en enero de 1984 como parte de la colección "Fábula" de la editorial Planeta. En noviembre del mismo año fue editada en México, también por Planeta.

En una nota preliminar a la novela, el autor señala que "muchos de los personajes que atraviesan este libro viven o vivieron; sin embargo, ninguno de ellos tiene o ha tenido la culpa del tipo de vida que en el libro lleva" y defiende la teoría de que "quienes ofrecen su imagen en una pantalla, pasan a integrarse a los sueños, planes y fantasías eróticas de las gentes que los observan y gozan".

En 1993 la editorial Joaquín Mortiz publicó la quinta edición de *Siempre Dolores*.

Hoy el autor declara: inútil resistirme. Termino un libro que será la filmobiografía de Dolores del Río, tal como yo la entiendo después de acumular noticias y observaciones de una mujer tan adorada como desconocida. Una joven provinciana de un México a punto de despertar, de la que se enamoraron dos hombres que terminaron quitándose la vida, un genio del que ella se enamoró perdidamente y otros dos apacibles amores que pretendieron ser un refugio sereno y no lo fueron.

Como telón de fondo, un Hollywood salvaje y una sociedad que se inventaba cada día.

El título, *Mujer en el volcán*, irá entendiéndose según avance la lectura.

Conviene decir, también, que el libro es la persecución de una imagen deslumbrante.

México, D.F., 1999

WELCOME

"EN EL AÑO 1925 YO SÓLO SABÍA UNA PALABRA EN INGLÉS: *YES*."
DOLORES DEL RÍO

1925. JAIME Y DOLORES LLEGAN A HOLLYWOOD. LA SONRISA FORZADA DE DOLORES.

La pareja llega a Hollywood el jueves 27 de agosto de 1925. Veinticuatro días antes, Dolores Asúnsolo y López Negrete, por su reciente matrimonio Dolores de Martínez del Río, había cumplido veintiún años.

Era una muchacha delgada, aparentemente tímida y nerviosa, de grandes ojos y de maneras lentas y elegantes, que hablaba en voz baja y parecía incapaz de separarse de su marido; un hombre bien vestido, atento, que la trataba en forma paternal.

Al segundo día de su llegada, el director que la había convencido en México que tenía futuro en el cine la llevó a conocer los estudios en los que solía rodar la productora First National, entonces en auge hasta el punto de que había comenzado a comprar espacios en donde producir la alta cantidad de películas necesarias para surtir a una cifra en aumento de exhibidores bajo contrato.

Algunos estudios pequeños o antiguos fueron engullidos por la First National, que ya era la dueña de los que habían fundado Robertson Cole y Robert Brunton y producía también en el llamado Clune's Auditorium, donde se habían rodado un gran número de películas de dos rollos.

El mismo Charles Chaplin, quien trabajaba en una esquina de Sussent con La Brea, entregaba sus filmes para que la First los distribuyera.

Los mejores estudios de la compañía eran, sin duda, los que la First había nombrado Tec Art, situados en el 5360 de la avenida Melrose en donde se iniciaría, en 1929, el cine de Hollywood hablado en español.

El contrato de trabajo, que unía a la mexicana con su descubridor, fue firmado en una sala decorada con las fotografías de los artistas de la casa: Norma Talmadge, Richard Barthelmess, Buster Keaton, Constance Talmadge, Victor McLagren, Barbara La Marr.

En los estudios le habían dicho a Dolores que se familiarizara con Hollywood, que era por entonces un mundo internacional y sorprendente, con sólo unos doscientos mil habitantes que parecían multiplicarse cada mes. Estos ciudadanos, la inmensa mayoría nacidos muy lejos de California, solían comentar, con una mezcla de asombro y orgullo, el desarrollo de una ciudad creada por el cine.

Hollywood tenía en el año 1900 tres iglesias que, a la llegada de Dolores, se habían convertido en treinta y cuatro. A inicios de siglo, el lugar contaba con un solo teléfono y ahora estaban abonados más de treinta y cinco mil oficinas y hogares.

Los primeros días Dolores los dedicó a recorrer los sitios cercanos, siempre que el estudio le concedía tiempo libre. A pesar de haber viajado por Europa con su marido Jaime Martínez del Río, seguía siendo una provinciana para quien las playas de California significaban un desconcertante escenario; los trajes de baño femeninos de los años diez, que superponían faldas y obligaban a usar medias hasta los muslos, habían cedido ante las nuevas modas de ajustados bañadores que resultaban una tentación. En Venice Beach, se elevaba el inmenso edificio de sugerencias árabes con torres de apariencia medieval que daba un toque de extravagancia lujosa al lugar de moda y ya se había iniciado la construcción de lo que sería el Hollywood Bowl, un escenario grandioso para mayor gloria del espectáculo.

Aun cuando el clima no lo aconsejara, el abrigo de pieles para hombre o mujer había triunfado como una prenda representativa de los nuevos ricos del cine y las grandes fábricas de automóviles enviaban a Los Ángeles los primeros modelos de sus nuevas series adornados con instrumentos y decoraciones especialmente diseñados para sus dueños.

Las mujeres comenzaban a usar sombreros en forma de casco, que encerraban la cabeza en un estuche de fieltro, y a Dolores le pareció que la ayudaban a crear un cierto misterio con el que ella podría distinguirse en un descarado mundo de mujeres sin misterio alguno.

Los vestidos de seda estampados estaban de moda, y muchos de ellos dejaban los brazos desnudos hasta los hombros.

En las tardes había reuniones para tomar cocteles en el Hotel Broadway, sobre la calle Temple, o en algún otro lugar llevado a la fama por la presencia de una estrella famosa y, en los entonces distinguidos salones de té, se servía whisky en tazas de porcelana inglesa, para guardar las apariencias.

Por el Olimpic Boulevard paseaban por decenas los populares automóviles Ford descubiertos, modelo T, y comenzaban a alzarse los edificios altos, como el, por entonces, rascacielos de once pisos de la United Artists.

El matrimonio vivió primero en un pequeño departamento, después llegó la madre de Dolores para acompañarlos y alquilaron una casa del estilo llamado colonial español, en Oat Post, Hollywood. No era grande, pero tenía dos pisos y un jardín en el que crecía un árbol muy bello y torcido. Junto a ese árbol se hicieron, poco después de la llegada de

HOLLYWOOD, PRIMERAS FOTOS PARA LA PRENSA. DOLORES ES PRESENTADA COMO ESPAÑOLA.

los Martínez del Río, una fotografía que aún se conserva: las cuatro mujeres mexicanas que por entonces buscaban la fama del cine: Raquel Torres, Mona Rico, Lupita Tovar y Dolores.

El entonces cónsul en Los Ángeles, Alfonso Pesqueira, procuraba reunir a los actores mexicanos en fiestas que la mayor parte agradecían mucho, ya que el nivel de vida de la comunidad no era muy alto.

Por otra parte, poco después se declararía una guerra entre los actores procedentes de España y los hispanoamericanos, acerca del vocabulario que debía emplearse en los filmes hechos por los países hispanoparlantes.

Los madrileños, sobre todo, defendían "el idioma castizo", mientras que los latinoamericanos argumentaban que tan castiza es una palabra madrileña como una procedente del Perú. Esto, y también la influencia de Carewe, que pretendía tener una estrella internacional y no un producto para consumo de los países hispanos, hizo que Dolores se fuera separando del grupo mexicano, en el que pocos habían conseguido prestigio y muchos se veían obligados a aceptar cualquier papel que los estudios les ofrecieran.

Existía una cierta curiosidad del público por las figuras exóticas, pero los mexicanos eran discriminados y estaban demasiado cerca de la frontera para gozar del privilegio de estar envueltos en un aura de misterio, en contraste con los actores procedentes de países remotos, de los que se solía tener una imagen romántica.

El galán latino debía relacionarse con Europa, como Rodolfo Valentino o Antonio Cortés; una excepción era Ramón Novarro, que había nacido en México, pero su compatriota Luis Antonio Damado prefirió cambiarse el nombre por el sajón de Gilbert Roland para evadir problemas.

Novarro presentó al matrimonio recién llegado a otros miembros de la comunidad mexicana y los ayudó a entrar en los pequeños círculos defensores de los actores hispanos. Cuando Novarro, nacido José Ramón Samaniego, presentaba a Lola dándole el tratamiento de prima; curiosamente, antes de la llegada de la pareja Del Río a Hollywood, ninguno de los dos sabía de la existencia del otro.

A la entrada de Dolores en el cine, Novarro –a quien la publicidad llamaba "Ravishing Ramón", lo que equivale a encantador– había conseguido un gran éxito con la película *The student prince*, pero aún

se le seguía admirando como el héroe de *Ben Hur* (1923).

Las películas sonoras eran todavía un remoto proyecto, y no fue hasta marzo de 1930 cuando en el inmenso teatro California se estrenó *Rosa de fuego*, hablada en español, que resultó un desastre y anunció el irremediable fin del experimento.

Al comienzo, las reuniones en el palacete de Novarro sorprendieron e inquietaron a Dolores, no acostumbrada a lo que por entonces se llamaba desviaciones amorosas.

Las reuniones de la colonia mexicana constituían una fuente de información excitante para el matrimonio Del Río, que iba sabiendo de las complejidades del negocio y también de las posibilidades que el cine podía ofrecer a una recién llegada bella y joven.

La First National no ocultaba los salarios que había pagado a alguna de sus figuras más populares; se sabía que, por un total de ocho películas rodadas en 1919, Norma Talmadge había cobrado un millón y cuarto de dólares; su hermana Constance Talmadge interpretó doce filmes rodados a comienzos de los veinte y le fue pagada la suma de trescientos mil dólares por cada uno.

El triunfo de una estrella se medía por el éxito de su última

LA PRIMERA FOTO EN HOLLYWOOD.

película, y era habitual la noticia de cómo los sueldos aumentaban de acuerdo con los ingresos en taquilla.

De esta forma se comprende que Anita Stewart ganara a comienzos de los años veinte noventa mil dólares por película, y cuando en 1925 terminó su contrato con la First, se decía que ya esta casa le había abonado por sus trabajos más de tres cuartos de millón de dólares.

Pero el año 1925 parecía señalar ya la amenazas de una gran crisis en la industria estadunidense del cine.

La revista *Photoplay* había lanzado la voz de alarma un año antes cuando señaló que una producción en la que se invirtiera más de un millón de dólares corría el riesgo de no dar beneficios, y se afirmaba que algunos de los filmes más espectaculares tenían serios problemas de recaudación; como ejemplo se mencionaba *El jorobado de París*, de Wallace Worsley, que había costado en 1923 algo menos del millón. Otro filme que supuso un reto a la taquilla fue *Los diez mandamientos* (1923), de Cecil B. de Mille, en el que se invirtieron dos millones.

Cuando el día 9 de septiembre los periódicos de México anunciaron el inicio de la carrera artística de "la señora Asúnsolo de Martínez del Río" comentaron que el filme *Johanna* costaría un millón de dólares. Sin duda, la cifra había sido exagerada por el departamento de publicidad de la productora.

La crisis comenzó a sentirse a partir de 1924, al punto de que de las diecinueve grandes productoras que se encontraban en Hollywood ese año, para el inicio de los treinta sólo quedaban ocho.

Dolores había sido descubierta por un director de cine que producía de forma personal para una de las grandes firmas, la que a su vez le concedía no sólo un adelanto sobre el material aprobado, sino también el derecho de usar las instalaciones, reservándose la explotación del filme dentro y fuera de la Unión. Cabe pensar que este tipo de intermediario contrataba a quienes presuponía podían llegar a ser estrellas, y a su vez los incluía en el presupuesto con beneficios personales. Dolores, de cualquier forma, comenzó a cobrar de inmediato un sueldo semanal que parece haber sido de novecientos dólares.

Poco después de su llegada se iniciaron las habituales sesiones de fotografía, e incluso antes de que se anunciara su primer filme ya había aparecido su imagen en las revistas y los periódicos con secciones dedicadas al cine.

De esos primeros días es una fotografía memorable en la que aparece hundida en un enorme sillón con un perrito entre los brazos. Esta foto, verdaderamente insólita en el Hollywood de entonces, que procuraba rodear a las actrices de un clima espectacular y sugestivo, muestra a una Dolores íntima y a la defensiva, que parece proteger tanto al insignificante perro como a sí misma.

Los especialistas en publicidad decidieron que dado su físico y el poco prestigio de lo mexicano, lo adecuado era presentarla como una aristócrata española.

Ella, que más tarde defendería orgullosamente su procedencia, aceptó las nuevas condiciones y aun las apoyó contando historias tales como el hecho de que había bailado en Madrid ante los reyes de España en un acto benéfico.

Por otra parte, los estudios y su descubridor procuraron ocultar al gran público el hecho de que estaba casada, y la figura de su marido pasó a un plano oscuro que daría lugar, más tarde, a conflictos serios en el matrimonio.

El señor del Río, orgulloso de su estirpe, aceptó en un principio las nuevas condiciones con la esperanza de poder desarrollar, paralelamente con su esposa, una carrera de escritor de argumentos cinematográficos. Sus esperanzas no prosperaron y fue cayendo en la amargura.

LA TAZA DE TÉ (I)

"NACÍ EN DURANGO, EN UNA CASA QUE RECUERDO."
DOLORES DEL RÍO

La propia vida se reconstruye con el paso del tiempo; mientras un sistema censor elimina escenas, la tarea mitificadora ilumina pasajes intrascendentes o inventa y magnifica.

Dolores, sentada un su saloncito color de rosa, ante una tetera a la que contempla como si de ella salieran los recuerdos, me cuenta su vida en Durango, su infancia.

No todo lo que va surgiendo de la tetera de porcelana inglesa son verdades, pero todo conforma ese pasado en el que ella cree o pretende que yo crea.

Sobre las páginas de una libreta grande yo apunto cuidadosamente estos mensajes del pasado.

"Nací en la calle Hidalgo Sur, en la casa número 311, en Durango, capital de Durango.

"Aún conservo el ropón con el que me bautizaron.

"La casa tenía un patio central y un pequeño jardín.

"Fui hija única.

"Mi padre era director del Banco de Querétaro.

"Mi familia tenía un puesto relevante en aquella sociedad provinciana.

"Para pasear por la plaza me sentaban, de niña, en un landó tirado por el más bonito de los troncos de caballos de todo Durango. Eran unos caballos muy finos.

"El landó era inglés, lo había traído mi padre de Londres y se usaba para los paseos de los domingos en las tardes de primavera. También íbamos a misa en landó.

"Los domingos la banda tocaba en la plaza y la gente del pueblo paseaba y miraba el desfile de los carros de caballos.

"Dábamos vueltas a la plaza mientras mis padres charlaban.

"Yo iba sentada muy derechita, vestida de blanco.

"Esto ocurría cuando ya entraba la tarde.

"Vivíamos encima del banco que dirigía mi padre, en el segundo piso. Era una casa no muy grande.

"Mi abuela sí tenía una casa grande y celebraba reuniones y fiestas.

"En los bailes se tocaban valses y las damas usaban abanicos. Yo recuerdo el olor de los polvos que usaban las señoras; se empolvaban el rostro constantemente.

"Mi abuela se llamaba doña Josefa López Negrete y estaba considerada en Durango como una mujer muy influyente.

"En casa teníamos una pianola.

"Mi madre tenía un vestido de noche de cola larga, negro, con abalorios. Lo había comprado en París.

"Mi padre usaba levita.

"Los visitantes dejaban los sombreros a la entrada de la casa y se iban poniendo sobre

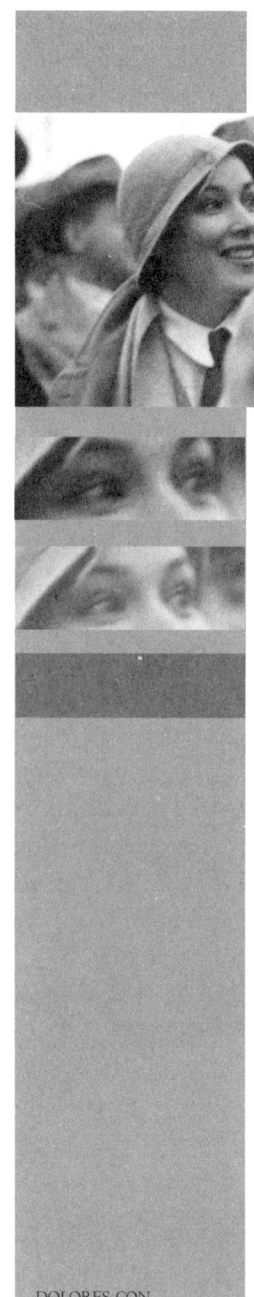

DOLORES CON
ASPECTO DE FELICIDAD
NO FINGIDA.

un mueble, muchos usaban bombín...

"El hombre que traía la carne entraba por la puerta de atrás y lo recibía una doncella de mandil largo.

"Un día llegaron los revolucionarios.

"Tenía yo cuatro años cuando me vistieron de niña pobre y guardaron mis vestidos bonitos en una cesta que subieron a un carro. Vestida así, junto a mi mamá, salí para siempre de Durango.

"Mi padre abandonó la ciudad y fue a refugiarse en Estados Unidos.

"Mi mamá pidió ayuda a su primo, el presidente don Francisco Madero.

"Un hermano de mi padre, Manuel Asúnsolo, se hizo revolucionario y llegó a general, peleando con Emiliano Zapata.

"A mí me internaron en el colegio de monjas de Saint Joseph, que era muy caro, en la ciudad de México. Mi familia casi no tenía dinero para pagar mi colegiatura.

"Las monjas obligaban a todas las alumnas a hablar francés.

"Si nos oían, durante el recreo, hablar español nos reprendían.

"Yo tenía las trenzas muy largas, el pelo negro.

"Yo tenía un muñeco llamado Cachifú que me habían regalado en Durango. Dormía con Cachifú en los brazos.

"A los doce años yo era alta, espigada, muy seria.

"Y bailaba muy bien."

Dolores del Río tomó la tetera con su mano larga, de uñas laqueadas y me hizo un gesto invitándome; yo denegué con la cabeza.

Ella miró su propia taza, sobre la que iba cayendo el té, y dijo muy suavemente:

—Ya se nos enfrió.

DURANGO 1904

"NADA ES VERDAD NI MENTIRA."
RAMÓN DE CAMPOAMOR

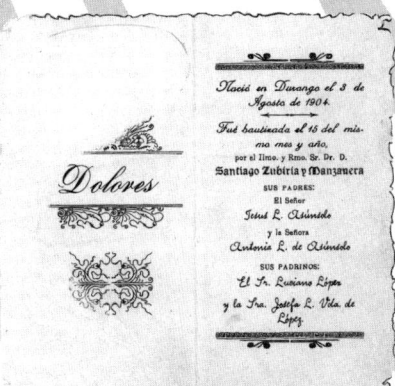

PARTICIPACIÓN DEL BAUTIZO DE DOLORES.

El día tres de agosto de 1904 nació la niña Dolores en la ciudad de Durango; fue bautizada el día 15 del mismo mes y año por el ilustrísimo y reverendo señor doctor, don Santiago Zubiria y Manzanera.

Fueron su padres don Jesús Leonardo Asúnsolo y doña Antonia López Negrete. Actuaron de padrinos el señor Luciano López y la señora Josefa López, viuda de López. Dolores era una niña de escaso peso, pero sana.

Unas facturas aparecidas entre los papeles familiares nos hacen saber que parte de la ropa que se encargó para la recién nacida había sido adquirida en la tienda New England, de

Puente del Espíritu Santo, números ocho y nueve del Distrito Federal donde, gracias a un anuncio insertado en *El Imparcial* de esa misma fecha, sabemos que el señor Armand Bugnot había instalado un departamento de ropa para niños. El señor Bugnot ofrecía en 1904 *coin de feu* por veintiséis pesos y *robes de chambre* por treinta y nueve. Quizás la ropa de bautizo que Dolores afirmaba conservar tantos años después la hubiera vendido monsieur Armand.

Los llamados hacendados mexicanos de esa época fueron aproximadamente ochocientos cuarenta, según algunos cálculos conformaban una aristocracia rural que, sin embargo, tenía relaciones y sufría la influencia de la lejana Europa, a la que tomaba como modelo. La iglesia, el banco, el casino, eran tres pilares ante los cuales se movía la sociedad provinciana.

Los padres de Dolores acudían a la capital varias veces al año, en busca de los elementos esenciales y representativos de su posición social en un Durango que tenía muy establecidos sus círculos de poder.

Dolores se refería a su familia y a esa época con una curiosa posición dual; por una parte no podía negar, como mexicana moderna, la legitimidad de la revolución, pero también rendía un culto romántico y nostálgico a la época de su infancia, que tenía presente a través del recuerdo infantil, las fotografías familiares y las conversaciones de la familia, incapaz de consolarse ante la pérdida del dinero y del poder.

La cercanía también familiar de Madero, por otra parte, añadía al conflicto un elemento que primero fue liberal y después traumatizante.

"Mi papá tenía ideas conservadoras, pero respetaba las ideas liberales.

"Cuando mataron a don Panchito toda mi familia lloró mucho."

Pero todo el país pasaba de uno a otro de estos sentimientos: en el año 1905 se crea la Secretaría de instrucción pública y bellas artes con don Justo Sierra al frente, y dos años después se produce la matanza de obreros textiles en Río Blanco, Veracruz.

En 1910 se celebraron las esplendorosas fiestas del centenario de la independencia. Un año después el dictador Porfirio Díaz abandonó el país.

Dolores nunca podrá desligarse de esa infancia dorada ni de una realidad que desmentía paso a paso esa nostalgia.

DURANGO 1913

"A LOS DEFENSORES LOS ECHABAN A VOLAR
DESDE LA CÚPULA HASTA EL PAVIMENTO."
MEMORIAS DE JUAN BAUTISTA VARGAS ARREOLA

El día 18 de junio de 1913 los revolucionarios entraron en la ciudad de Durango y se produjo una de las matanzas más alucinantes de la historia de México.

Los llamados curros, aristócratas de bombín y levita, habían confiado en las fuerzas que defendían la plaza, y un aire triunfalista iluminaba todas sus decisiones a pesar de que prácticamente todo el estado se encontraba en manos de los revolucionarios.

Los hijos de los ricos habían conformado batallones que desfilaban por las calles mientras las elegantes damas les lanzaban flores desde los balcones.

Algunas de las familias más poderosas tenían enrolados en la llamada Defensa social a dos o más varones e incluso padres e hijos mi-

DOLORES CON SUS PADRES.

litaban en el mismo batallón. Los apellidos más prestigiados se contaban dentro de esta tropa improvisada y orgullosa, pero difícilmente confiable: los Bracho, los Torres Saldaña, los Gurza, los Santa Marina, los Irazoqui, los Asúnsolo y los López Negrete.

Las primeras batallas parecieron dar el triunfo a los federales y esto dio aún más confianza a los catrines de cuello duro y levita negra. Pero en un momento dado el ataque revolucionario fue incontenible y la ciudad comenzó a arder por todas partes.

No sabemos cómo y cuándo el padre de Dolores pudo escapar de aquel infierno en el que algunos de los jefes de la Defensa social murieron al intentar detener el enloquecido comportamiento de los atacantes, ya dueños de Durango. Es probable que huyera disfrazado atravesando la sierra Madre, tal como cuenta Dolores; según este relato, a ella la sacaron en una carreta junto a su madre, ambas vestidas con ropas campesinas.

Dolores, el día de la caída de Durango, estaba a punto de cumplir no cuatro años, como confesaba, sino nueve...

En esa edad los recuerdos se fijan y bien pueden permanecer. Los elegantes comercios tales como La Francia Marítima o La Suiza, donde su familia compraba trajes y muebles fueron incendiados. Ella debió ver estas escenas. Pero prefiere imaginarse una niñita de cuatro años, sorprendida por su nuevo vestuario, en un lento peregrinaje hacia la lejana capital de la república, donde esperaba a la familia el tío don Francisco I. Madero.

Pero de nuevo las fechas denuncian el engaño; Francisco I. Madero fue asesinado el 22 de febrero del mismo año, cuatro meses antes de la salida del carruaje con la niña. Es posible, sin embargo, que sea cierto otro recuerdo de Dolores.

"Cuando era muy niña, mi mamá me llevó a la capital a que conociera a su primo don Panchito, que así llamaba al presidente de la república, Francisco I. Madero. El presidente me regaló un globo rojo."

En el mes de octubre de 1932 da al historiador don Alfonso Taracena una variante de esta historia:

"Cuando yo tenía cinco años, mi mamá me llevó a que conociera a don Panchito Madero, y éste me sentó en sus rodillas y me acarició los bucles."

De ser esta historia cierta, la visita debió producirse hacia 1912, cuando Dolores tenía ocho años. Madero fue presidente desde el 6 de noviembre de 1911 hasta el 19 de febrero de 1913.

Una repetida visión de sí misma nos muestra a Dolores niña.

La actriz Andrea Palma (nacida Guadalupe Bracho Pérez Gavilán, Durango 1903) contaba que su madre, pariente de la madre de Dolores, le decía a ésta que vestir a las dos niñas de blanco era un error "porque parecíamos dos mosquitas caídas en una taza de leche".

LA CAPITAL EN 1913

"RECUERDO QUE AL LLEGAR A MÉXICO ME VOLVIERON A PONER MIS ROPAS LINDAS QUE HABÍAN VIAJADO CONMIGO EN UNA CESTA, ESCONDIDAS DEBAJO DEL BASTIMENTO."

DOLORES DEL RÍO

A pesar de la debacle que había dejado prácticamente en la ruina a la familia, la madre de Dolores decide enviarla a un colegio de monjas francesas, lo cual se consideraba, por entonces, socialmente imprescindible para la educación de una muchacha de familia socialmente importante.

Existían varios en la ciudad y algunos eran sumamente elitistas, como el colegio de la Jeune Fille, al que los burlones llamaban colegio de las Yeguas Finas. Había sido fundado en el año 1903 y las colegialas usaban uniforme azul con cuello marinero blanco.

El colegio de Saint Joseph estaba situado en la primera calle de la Ribera de San Cosme, entre Insurgentes Norte y la actual calle del Doctor Atl.

Se decía que al final de su educación las muchachitas mexicanas hablaban mejor el francés que el español y era de buen gusto tener una biblioteca de libros franceses, que desde comienzos de siglo se podían comprar a monsieur Buret, en el número catorce de la calle de 5 de Mayo. Dolores creía recordar aquella librería, que en su juventud regentaba la viuda de Buret.

"Las familias encargaban ciertos libros que eran traídos de París si en México no se encontraban. Éramos todos muy afrancesados. En las casas de la gente elegante siempre se veían revistas parisinas. Era la moda."

Dolores comenzó a tener una maestra de baile llamada Felipa López, entonces muy famosa, que le enseñó danza española.

Busqué su nombre y su recuerdo: Felipa parece haberse perdido para siempre, pero es curiosa la persistencia de Felipa López en la memoria de Dolores; la recordaba como una mujer importante en su educación, como también solía hablar a los periodistas de la impresión que le causó ver bailar a Antonia Merced, "la Argentina".

Esta bailarina, sumamente famosa, estuvo en México en 1917, 1920 y 1934. Esto significa que Dolores la pudo ver en el teatro a los trece años. Sabemos que su madre la llevaba a este tipo de espectáculos. A los quince años pasó por Madrid con sus padres, donde también pudo ver a Antonia Merced.

Sabemos también que el entusiasmo de Dolores por el baile español continuó toda su vida. En el año 1943 el bailarín Manolo Vargas la vio en el camerino de Encarnación López, "la Argentinita", en New York, cuando visitó a la bailarina después de una función. Dolores confesaba que sus bailes en las fiestas de sociedad, cuando niña, eran muy poco profesionales.

"Yo prácticamente, a pesar de las enseñanzas de Felipa, me inventaba los pasos y en ocasiones aprovechaba una cierta música para crear sobre ella historias, casi siempre muy ingenuas.

"Sin embargo –decía– mis éxitos sociales entusiasmaban tanto a mi madre como a mí.

"Cuando volví, ya casada de España, se comenzó a decir, entre la sociedad mexicana, que yo era una verdadera bailarina. A mi marido

no le molestaba que exhibiera mis danzas siempre que no fuera de manera comercial.

"Recuerdo que de Madrid traje algunos vestidos muy bellos que llamaron mucho la atención."

Todo hace pensar que entró en el colegio francés cuando estaba a punto de cumplir los nueve años y estuvo hasta los quince o dieciséis. Sin embargo, ella insistía: "Salí del convento diez días antes de casarme."

Andrea Palma, un año mayor que Dolores, sufrió los mismos problemas de una familia a la que la revolución había quitado todo poder económico, y asistió a las escuelas de monjas españolas e inglesas.

"Esta educación —recuerda Andrea— nos marcó para siempre. Pero yo tenía la ventaja sobre mi prima de que cuando fui a Hollywood sabía inglés."

LA TAZA DE TÉ (II)

"CRECIÓ TRAS LOS MUROS DEL VIEJO CONVENTO DE SAINT JOSEPH."
DE WITT BODEEN, *FILM IN REVIEW*

Una sirvienta de uniforme azul claro me recibe a la puerta y sonriente me lleva al saloncito color de rosa en una de cuyas paredes se alinean en un estante, cuidadosamente, algunos libros.

En otra esquina se guardan botellas y vasos.

La doncella sabe ya que no tomo té, pero me advierte que el hielo lo traerá enseguida. Me sirvo un poco de ron y lleno el alto vaso con coca.

Estas visitas se habían hecho costumbre; Eulalio Ferrer me había contratado, en nombre del Banco nacional de México, para que escribiera el guión de la biografía de la estrella; la película se estrenaría en televisión.

Cuando entra Dolores me levanto y nos damos la mano.

Las reuniones en la tarde ya se han prolongado más de dos semanas. Poco después yo tengo mis hielos y la dueña de la casa su taza de té.

"Por parte de mi padre llevo sangre vasca, los Asúnsolo hace ya tres generaciones que se hicieron mexicanos, parece que en vasco el apellido significa campo de hortigas. Por parte de mi mamá soy mestiza, con gotas de sangre tolteca. Los Negrete ya existían en el siglo xv en las montañas de Santander, parece que fueron guerreros. Algo heredé de ellos. De los toltecas me vendrá mi amor por el arte, supongo.

"Mi padre fue un hombre honesto, conservador como es natural en un banquero. En casa se habló siempre de que los Asúnsolo eran dueños de grandes extensiones de terreno, pero mi papá había comenzado en el banco como recadero.

"Mi mamá era mujer valiente, decidida, y a pesar de que a la familia le pareció un disparate que yo entrara en el cine de Hollywood, ella me apoyó. Había que ser muy valiente en aquellos años para dejar que una hija de familia acomodada entrara en el cine. Mi madre y yo fuimos un escándalo familiar.

"Del México de entonces tengo una idea romántica y es que yo vivía al margen de los acontecimientos políticos."

Dolores interrumpe sus recuerdos, mira inquieta mis anotaciones.

"Con todo eso que está usted apuntando se va a poder hacer una película tan larga como *Lo que el viento se llevó.*

–Después, al escribir el guión, iremos viendo qué es lo que pasa a la película. Mejor que sobre.

Dolores está vestida con una larga bata de color crema suave.

Mantiene su taza de té tal y como le enseñaron las monjas; en mi vaso con el ron y la coca repiquetean escandalosamente los hielos. Dolores deja la taza sobre el platillo, se levanta, toma un álbum colocado sobre una repisa y lo trae abierto:

–Mire usted, está mi madre conmigo.

La foto muestra a una niña vestida de blanco, con un gran lazo, blanco también, en un pelo negro muy brillante y recogido. Los ojos son redondos, negros, de un indefenso mirar. Alrededor del cuello luce una cadena delgada. La boca es muy fina; hay algo de ausencia en su gesto.

La madre usa un peinado elevado, abierto en dos alas negras, con la frente totalmente cubierta: una frente enorme para una mujer. Una camisa blanca, adornada con un prendedor y lo que parece un chaleco a rayas, muy adornado también, sobre el cual se ha puesto una bata abierta blanca. El chaleco está floreado.

Doña Antonia mira de forma seria, tal y como la hija. No intentan ninguna de las dos coquetear con el fotógrafo, sino mostrarse ajenas a toda complacencia.

Devuelvo el álbum.

—Usted me hace hablar tanto que siempre se hiela la taza de té.

—¿Tuvo usted en la época colegial muchas amigas?

—Recuerdo una, se apellidaba Amor. Fue importante para mí porque yo era muy tímida y ella opinaba de todo.

LAS PIERNAS DE DOLORES ESCANDALIZARON A LA PÚDICA SOCIEDAD MEXICANA.

Ese día, cuando mi libreta de apuntes ya parecía atiborrada de datos, le conté a Dolores una historia que ella fingió no saber.

"Su abuelo, señora, transformó la historia de México con un gesto que si no fue digno de elogio, sí desencadenó una larga tormenta. Su abuelo Luis López Negrete, padre de su mamá y de su tía Eulalia, era dueño de la hacienda de Sombreretillo, que se decía llegó a tener ochenta mil hectáreas. Un día su abuelo Luis se acostó, posiblemente de forma violenta, con una muchachita de la hacienda. Un hermano de la joven se enteró, tomó un rifle y disparó contra su abuelo hiriéndole en una pierna. Después huyó y terminó siendo revolucionario. El hermano de la muchacha se llamaba Doroteo Arango, pero la historia lo conoce como Pancho Villa."

Dolores me mira, sonríe suave y me pregunta:

–¿Por qué no le gusta el té...?

EL LIBRO DE LA VIDA

"MI VIDA HA SIDO UNA SERIE DE REVOLUCIONES, LEVANTAMIENTOS, REBELIONES Y AUN CUARTELAZOS QUE COLOREARON CON TONOS SOMBRÍOS EL PAISAJE DE MI TEMPRANA EDAD."

DOLORES DEL RÍO

Alfonso Taracena recogió en una crónica varios pasajes de un texto atribuido a Dolores y titulado *Páginas del libro de mi vida*, en el que la actriz narra parte de su infancia.

Después de contar algunos incidentes que ya conocemos, dice:

"Otras revoluciones de carácter idealista han alterado posteriormente mi carrera, mi vida doméstica y mi forma de pensar. Dicen que los peligros y los cambios repentinos desarrollan el carácter y yo, si eso es cierto, puedo decir que pocas épocas incoloras ha habido en mi vida, donde todo ha sido tan vívido y

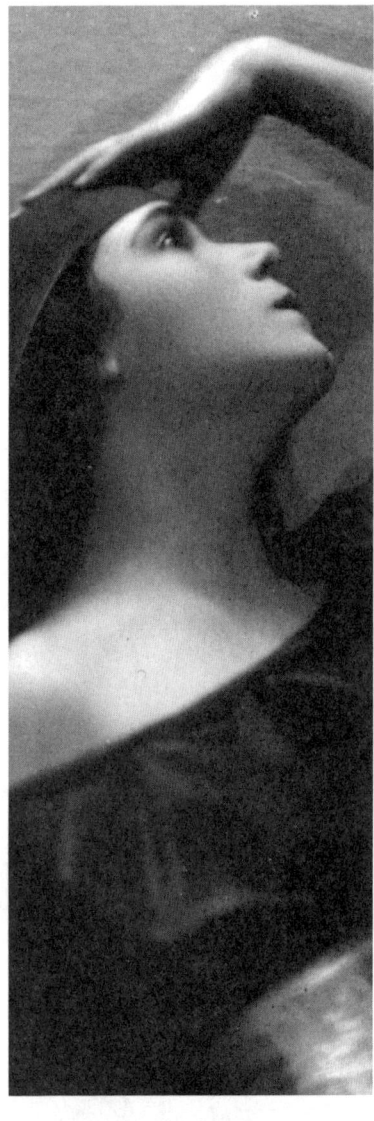

romántico como una puesta de sol en los trópicos."

Después afirma que la presencia de "los guerrilleros y bandidos que infestaban los alrededores de Durango" convencieron a su padre de que era necesario abandonar la provincia.

Señala Taracena que la guerrilla mencionada debió ser la de Doroteo Arango y pienso yo que el padre de Dolores, conocedor de la fama de Pancho Villa y de la historia del abuelo, preparó la huida que fue, a su vez, precipitada por la caída de la ciudad, obligando al banquero a separarse de la familia.

No sólo Dolores olvida, o quiere olvidar, en ese documento fechas, sino que comete curiosos errores, como es el afirmar que Madero nació en Durango, cuando había nacido en Coahuila, como señala cualquier libro de texto escolar.

Después dice que vivió la llamada "decena trágica", que se desarrolló en la capital de la república durante febrero de 1913, y narra cómo "tropas infidentes lucharon ferozmente desde azoteas y avenidas y en tales ocasiones, cuando el peligro arreciaba, nos refugiábamos en el escondrijo del entresuelo de la casa de mis padres. Cuando cesaba el tiroteo salíamos a ver, algo asustados, los daños causados por las balas; las vidrieras rotas, los cadáveres esparcidos por las calles..."

Todo me hace pensar que Dolores, a la hora de redactar estas memorias, se deja llevar por el entusiasmo; ni resultaría natural que sacaran a una niña a ver muertos, ni parece posible que pudiera ver a las víctimas de la "decena trágica", pues pienso que ella, por entonces, estaba aún en Durango.

Se diría que la redactora mezcló la caída de la ciudad provinciana con los sucesos que llevaron a la muerte del presidente Madero, de quien hace, sin embargo, un bello retrato: "Sus penetrantes ojos negros, su espaciosa frente, lo negrísimo de su barba y cabellos se fijaron en mi memoria."

Esto último es totalmente cierto, ya que a lo largo de su vida va contando la escena en la que el presidente acaricia sus bucles negros; historia que se va tiñendo de detalles, todos de un cierto lirismo, como cuando describe a los soldados que hacían guardia en el palacio presidencial "vestidos con uniformes resplandecientes".

En ese mismo documento rescatado por Alfonso Taracena y publicado en las páginas del diario *El Universal*, ensaya una interpretación de los ideales de Madero:

"Por una coincidencia digna de contarse, Madero, hombre caucásico nacido en Durango, el apóstol para sus correligionarios, era primo segundo de mi madre. ¿Curioso, verdad? Para el idealismo de Madero era una injusticia creer que unos cuantos tuviesen de sobra y la mayoría pasase hambre. Con el

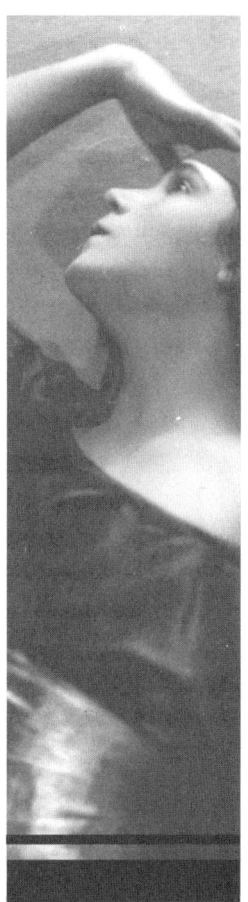

1920. TODAVÍA EN MÉXICO.

combustible de sus ideas, la hoguera, después de la primera chispa prendida en el norte, se esparció rápidamente por toda la república y no tardó mucho en triunfar el idealismo del caudillo. La revolución derribó al régimen y Madero subió a la silla presidencial."

No sabemos cuánto tiempo estuvo el padre de Dolores en Estados Unidos, refugiado y a la espera de que el país se tranquilizara; pero cabe pensar que volvió durante el mandato del dictador Huerta. Para entonces el idealismo de Madero había sido aplastado en buena parte.

RETRATO DE UN CABALLERO

"ERA DIECIOCHO AÑOS MAYOR QUE YO."
DOLORES DEL RÍO

12 DE ABRIL DE 1921. LOS NOVIOS. LA LARGA COLA REMATABA CON TRES BORLAS DORADAS.

Dolores no tenía quince años cuando se casó, tal y como acostumbraba a decir a los reporteros, sino diecisiete. Su novio parecía ser lo que suele llamarse un "buen partido"; pertenecía a una familia prestigiosa y era un hombre apuesto y muy bien educado. La familia Martínez del Río tuvo varios hijos, pero solamente cuatro llegaron a la edad adulta: Pablo, que logró ser un antropólogo e historiador reconocido, Jaime, Mercedes y Carlos, quien me recibió en su casa en 1992, cuando había cumplido ochenta y dos años.

La boda se celebró en el Distrito Federal en la iglesia de la Concepción, en la calle Belisario Domínguez.

Fueron padrinos la señora Bárbara Vinet de Martínez del Río y Pablo Martínez del Río y Vinen, por parte del novio y Jesús Asúnsolo y Antonia L. de Asúnsolo.

Llamaron para bendecir la unión al doctor Ruiz, obispo auxiliar de la diócesis, y acudieron al templo las familias más distinguidas de México. El anónimo cronista del diario *El Universal* despliega el día 13 de abril de 1921 toda una literatura de circunstancias:

"Estuvo presente lo más granado de nuestra sociedad."

"Suntuosa solemnidad."

"La iglesia era un búcaro de alburas y de fragancias."

"La novia erguía su esbeltez entre un copo de espuma."

"El vestido estilo *Princesse*, sin adorno alguno en la falda y con larga cauda realzada con rico bordado en tisú de plata, era obra de la modista A. Lafage Sueras."

Dolores aparece en una foto que me regala Manuel Ávila Camacho como una jovencita seria que deja caer desmayadamente un brazo, junto a un hombre maduro, muy calvo, que mantiene los brazos cruzados...

La larga cola del vestido blanco se despliega sobre el suelo para quedar rematada por tres grandes borlas. Ella está peinada con la raya en medio y lleva el pelo fuertemente sujeto a la cabeza.

Calvo prematuro, usaba Martínez del Río un bigote estrecho y negro, vestía de forma cuidadosa y conservadora y en las fotografías de la época se le ve siempre con una corbata que sujetaba al cuello de la camisa con un prendedor.

En Guadalupe Victoria, Durango, tenían los Martínez del Río una hacienda llamada La tapona, en homenaje a las tunas llamadas tapojas que abundan en el paraje. Enviado por su familia a estudiar a la universidad de Stoney Hurst, hablaba un inglés tan fluido que no sólo sirvió para que hiciera de intérprete de Dolores en los primeros tiempos de Hollywood, sino que fue también su maestro.

De vuelta de su viaje de novios por Europa, la pareja se estableció en el Distrito Federal, donde recibían a los múltiples amigos de Jaime, entre los que abundaban los artistas.

Fue el pintor Adolfo Best Maugard, a quien llamaban Fito, quien llevó a casa del joven matrimonio a un veterano actor de cine convertido en director, Edwin Carewe, que estaba en México en viaje de luna de miel.

Carewe propuso a Dolores ir a Hollywood, "ya que tenía el rostro que correspondía a la mujer en la línea de Rodolfo Valentino".

1929. EDWIN CAREWE, DOLORES DEL RÍO Y FINIS FOX.

Esa misma tarde Dolores, estimulada por su propio esposo, aceptó.

Esta decisión implicaba una serie de riesgos notables en la sociedad mexicana, que no podría entender que un hombre de buena posición aceptara que su esposa se convirtiera en artista de cine; pero al mismo tiempo era una solución para la crisis económica por la que pasaba en aquel momento el matrimonio.

Había por parte de Jaime un curioso orgullo por la belleza de su esposa, gozoso ante la admiración que Dolores despertaba a su alrededor. No parecía un hombre celoso, sino por el contrario se comportaba como el afortunado poseedor de una pieza de arte que se sintiera feliz mostrándola a todos.

Esta actitud levantó rumores entre los amigos de la familia, que se sorprendían también ante la diferencia de edad de los novios; pero Dolores, como iremos viendo, parecía buscar más la prolongación de un padre que un marido. En el mes de julio de 1944, en unas declaraciones para la revista *México Cinema*, describe a su padre de forma muy reveladora:

"Es el recuerdo más dulce y noble de mi vida. Mi padre era un elevado conjunto de cualidades; si la idea femenina del varón es un hombre apuesto, noble y bondadoso, además de cumplir con finos dotes de caballero, entonces mi padre fue el tipo ideal con el que sueñan todas las mujeres. El recuerdo de mi padre marca el rumbo de mi existencia. Él aceptó con gusto todos los sacrificios con tal de hacerme fácil el camino de la vida. Mi madre fue su compañera inseparable. Yo

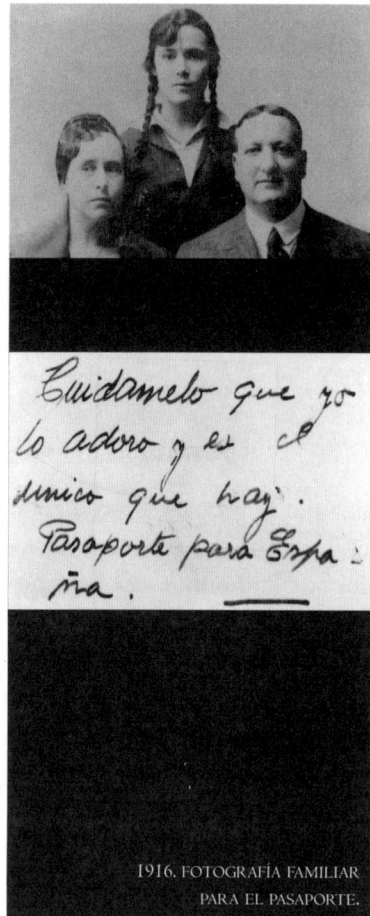

1916. FOTOGRAFÍA FAMILIAR PARA EL PASAPORTE.

sabía que alejarlo de su esposa era causarle una gran pena; sin embargo él renunciaba a la compañía de mi madre durante tres meses para que estuviera conmigo, para que yo no me sintiera sola. Así era mi padre: noble y generoso."

Gracias a Manuel Ávila Camacho, a quien debo mucha información y material gráfico, tengo la fotografía que la familia se hizo para el pasaporte que les permitiría viajar a España. Dolores que tiene entonces alrededor de catorce años, usa unas largas trenzas y mira fijamente al fotógrafo, mientras la madre tiene una mirada esquiva y extraña. El padre aparece como un hombre sólido, de cabeza grande, de aspecto risueño y franco.

Dolores del Río envió el pasaporte a Manuel Ávila Camacho ya cuando se había retirado del cine, con una nota de su puño y letra:

"Cuídamelo, que yo lo adoro y es el único que hay. Pasaporte para España."

Esta fotografía bien pudiera darnos noticia sobre una familia compuesta por un padre bonachón, una madre desconfiada y una muchachita más segura de sí misma de lo que ella misma, años después, se esforzaba en declarar.

LA CAPITAL EN 1921

"HOY ES EL DÍA DE RECIBO DE LA SEÑORA CONDESA DE CANTUTI DE CASTELVERO, DAMA MUY BIEN RELACIONADA."
NOTA DE SOCIEDAD EN EL DIARIO *EL UNIVERSAL*, 12 DE ABRIL DE 1921.

1921. ANUNCIO DEL COMPROMISO MATRIMONIAL.

La boda de Dolores y Jaime produce sensación en la sociedad mexicana, formada por un grupo de familias distinguidas que con dificultad daban paso a quienes no pudieron ofrecer un historial basado en la discutible aristocracia o en un muy visible despliegue de riquezas.

La ciudad es un curioso mosaico de personajes en muchos casos sorprendentes; los recién llegados se asombran de la cantidad de hombres cojos que se ven en la calle, con toda seguridad combatientes de alguno de los dos bandos.

Los periódicos tienen secciones en inglés.

En abril vuela sobre la ciudad la estadunidense R. H. Moloney en un aparato Standard. El vuelo duró media hora y tuvo a todo el mundo con la boca abierta.

En competencia con la señora aviadora se estrena ese mismo mes la película *Alas abiertas*, de Teja Zabre, que es un canto a la aviación mexicana. Duelo nacional: murió Ramón López Velarde. Se descubre que el general Obregón recitaba en privado *La Suave Patria*.

La aristocracia acude, de cuando en cuando, a los festejos populares. Muchas familias fueron a ver cómo en Xochimilco se elegía a Fidencia García como la India Bonita del año. Pero en el restaurante de Abel, abierto a la salida de los teatros, se anuncia que sólo se servirá a las personas decentes.

Se estrena el filme *Hasta después de la muerte*, de Manuel José Othón, producido por Ediciones Camús.

Dolores, la recién casada, comentaría cuarenta años después que nunca había acudido al teatro para ver una revista, género por entonces de moda. También estaban de moda las obras sicalípticas, pero las jóvenes de buena sociedad no se daban por enteradas.

Los hombres maduros, padres de familias honestas, se contaban historias sicalípticas mientras se fumaban un puro, ya en el salón, lejos de las señoras.

El día 6 de octubre "sin previo aviso y despojado de toda ostentación, el señor presidente de la república honró con su presencia la función que Leopoldo Beristáin, el mimado actor mexicano, dio en honor del Comité ejecutivo de festejos del centenario, y que se efectuó anoche en el María Guerrero".

"Cuando el público se dio cuenta de la presencia el jefe del poder ejecutivo de la Unión, prorrumpió en aplausos y vítores, al mismo tiempo que la orquesta ejecutaba el himno nacional. Fue la de anoche una de las ovaciones más delirantes y espontáneas que se han tributado al señor general Obregón, quien ocupó la platea número siete."

Esta nota apareció en el diario *El Universal* el día 6 de octubre. Por entonces Dolores y Jaime estaban en Madrid, en viaje de novios.

Los moralistas iniciaban de cuando en cuando campañas contra el cine y contra las *vedettes* de los espectáculos musicales, pero pronto el sentido común del mexicano hacía que las aguas morales volvieran a sus cauces y todo seguía igual. Los más conservadores propusieron que en los salones cinematográficos se instalaran dos espacios: uno para mujeres y otro para hombres, y la revista *Cine Mundial* que se editaba en español en Nueva York dijo que la propuesta era despreciable y que "el proyecto era bastardo bajo la bandera de la moral".

El diario *El Mundo* publica en folletín la historia de Chucho el Roto, y el diario *El Nacional* anuncia que el espectro del Tigre de Santa Julia cabalga a través del panteón de Dolores sembrando el pánico entre los sepultureros.

En el mes de julio la Secretaría de hacienda paga medio millón de pesos a la familia Jurado, de Durango, por la Hacienda de Canutillo, para ser entregada a Pancho Villa.

Los señores Gastón Azcárraga y Copeland compraron en Detroit una partida de automóviles Ford que llegó en tren a la capital.

Dolores recordaba que ese año, cuando su marido le mostraba Europa, ella se dejaba llevar de la mano, como una colegiala. "Me compró unos vestidos muy bellos, porque Jaime tenía muy buen gusto. También nos recibieron en casas particulares de familias conocidas, muchas de ellas emparentadas con las familias mexicanas que mis padres y los de Jaime conocían. "

Cuando Dolores habla de aquellos días en Madrid, parecería que se refiere a ellos como un viaje escolar, más que a una luna de miel. Recuerda también que el matrimonio formaba una pareja que llamaba la atención en España.

"Jaime ya estaba muy calvo, y se reía cuando la gente pensaba que éramos padre e hija. Esto era creíble, porque él siempre se vestía en forma muy conservadora, mientras que a mí me compraba vestidos muy claros y alegres."

"Al volver a México, yo pienso ahora, que llegaba ya bastante madura. Se me había quitado lo infantil, que duró mucho. Ahora que lo pienso creo que en aquellos años éramos los dos muy felices."

LA TAZA DE TÉ (III)

"LOS HOMBRES SON MÁS LISTOS QUE LAS MUJERES PARA EL AMOR."
LUPE VÉLEZ

—¿Qué vio usted en Jaime Martínez del Río?

—Lo que todos: lo admiraba. Era un hombre de mundo, había estudiado en España y en Inglaterra, era cortés y atento y representaba para mí un hogar sereno. La diferencia de edad no me pareció un inconveniente, sino por el contrario algo bueno, me aseguraba protección. Yo era entonces, no lo olvide, muy joven. Estaba saliendo del colegio y las monjas no eran buenas maestras en cosas del amor. Usted sabe.

—Él estaba muy enamorado de usted, por lo que sé.

—Me miraba un poco paternalmente. Le gustaba verme bailar.

—¿Cómo era Edwin Carewe?
—Había sido galán de muchas películas, pero cuando llegó a mi casa ya era un hombre maduro. Era un hombre gentil.
—¿Fito Maugard lo llevó a su casa para que la viera a usted?
—Sí, yo creo que sí. Bueno, el propio Fito lo dijo más tarde. Él sabía de cine.
—¿Qué opinaron las dos familias de la decisión de ir a Hollywood?
—Se espantaron. La familia de mi marido no lo podía creer. Fueron a ver a Jaime para decirle que estaba loco. Muy pocos amigos nos entendieron; creo que si no hubiera sido por la actitud de mi mamá habríamos renunciado. Pero mi mamá era una mujer muy sólida, muy fuerte y fue la que se enfrentó a todas las críticas. Por otra parte, yo reaccioné con firmeza, como suele suceder a la gente tímida, y comencé a hacer las maletas sin consultar a nadie más. La decisión fue para mí muy importante, ya que me dije a mí misma que podía llegar a hacer lo que me pareciera necesario, en contra de la oposición de todos. Mi marido parecía feliz, yo diría que divertido, ante lo que le parecía una aventura. Él sabía de cine, yo no. Yo sabía lo que cualquier jovencita de mi edad en aquel tiempo.

Jaime y Fito hablaban de cine y de lo que podríamos encontrar en Hollywood; yo escuchaba como tonta, con la boca abierta. Pero algunas veces, en la noche, me asustaba; no por las críticas familiares, sino porque yo jamás había actuado. Mis viajes con Jaime, he de decirlo, me habían quitado mucho de lo provinciano y ya había estado en bailes importantes y lucido trajes elegantes; pero Hollywood...

—¿Era grave la situación económica de ustedes en aquel momento?
—Muy grave, y ésa fue otra razón para aceptar el irnos a Hollywood. Habíamos vendido mi coche Delage, que era grande y reluciente, al que yo quería mucho. También vendimos algunas joyas mías que me habían regalado. Un collar de perlas, recuerdo, y también una diadema de zafiros.
—¿Cuál fue la razón de la crisis económica de su esposo?
—El algodón. En 1924 se perdió toda la cosecha y Jaime se quedó sin un peso. Fue algo terrible para lo cual ninguno de los dos estábamos preparados. Otras familias mexicanas sufrieron lo mismo que nosotros con lo que se llamó el desastre del algodón.

El algodón había sido, efectivamente, la razón esencial de la ri-

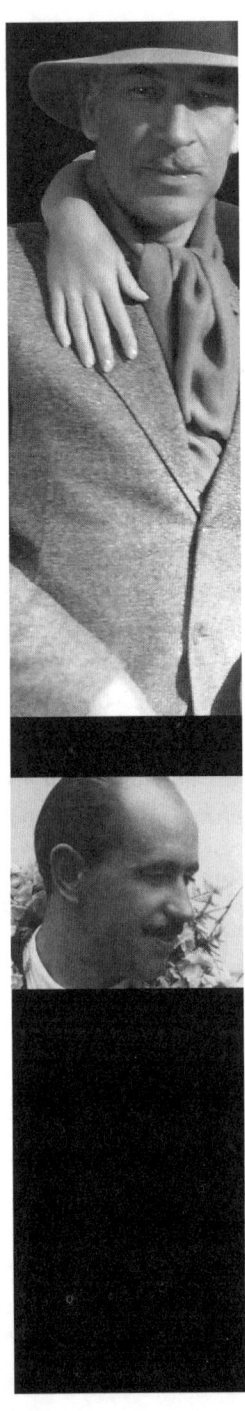

queza de muchas familias de hacendados. En Durango se cosechaba en grandes extensiones de terreno y se transportaba a lomos de mula hasta las fábricas textiles; las mejores estaban instaladas en el D.F. o en Puebla. Los productores de algodón de Durango solían abastecer a los hiladores de Zacatecas, Saltillo y San Luis Potosí. El sistema de transporte y la baja eficacia del sistema recolector había hecho que el algodón mexicano subiera de precio, lo que también estimuló la importación de algodón de Estados Unidos. A esto hay que añadir que los textiles franceses habían adquirido un prestigio difícil de igualar por las telas poblanas. La crisis del algodón en Durango no fue tanto un desastre imprevisto como un largo proceso de deterioro, en el que había que considerar la falta de mano de obra a causa de los procesos revolucionarios.

El comportamiento de los hacendados también había sido definitivo en lo que Dolores llamaba "la catástrofe del algodón"; sin una visión clara del proceso evolutivo del mundo fabril, habían empleado su dinero en viajes y en compras de elementos suntuarios, tal y como el propio ejemplo de Jaime del Río nos señala.

No resulta extraño, por todo esto, que don Jaime, después de vender su auto y joyas, pensara que Hollywood era una solución a sus problemas.

EL CINE EN 1925

"EL ESTILO EXÓTICO IMPUESTO POR VALENTINO EN EL LANCE DE AMOR HABÍA SIDO UNA RESPUESTA PERFECTA A LA NECESIDAD DE LA MUJER NORTEAMERICANA, EMANCIPADA, DE MANIFESTAR SU REBELDÍA, AUN PERMANECIENDO ESENCIALMENTE MUJER. PERO ASÍ SU MARIDO O NOVIO SE SENTÍA COMO UN PALETO CAMPESINO."

ALEXANDER WALKER, *EL ESTRELLATO*

Es probable que Jaime Martínez del Río y Adolfo Best Maugard se hayan conocido en París donde ambos vivieron siendo jóvenes. Después Jaime volvió a México y Fito lo hizo en 1923 para reanudar la amistad cuando el matrimonio se instaló en la capital mexicana hacia 1924.

Best era no sólo un pintor con talento, sino también un intelectual que escribió varios libros didácticos sobre arte y colaboró con Eisenstein cuando éste llegó a México para filmar una película.

La aparición de Best en la familia Martínez del Río fue definitiva; impresionado por la belleza de Lolita, llevó a su casa a Edwin Carewe, con el propósito de que la conociera. En unas declaraciones, años más tarde, confesó que había hablado previamente con Jaime para que supiera de sus intenciones en cuanto a presentarle al cineasta.

Adolfo Best, quien murió en Grecia a los setenta y cuatro años, fue un personaje representativo del mundo cultural mexicano que anticiparía el movimiento llamado de "Los contemporáneos", entre los que se contaba un buen número de brillantes homosexuales.

Edwin Fox había elegido el apellido Carewe para iniciar, en el año 1912, su carrera de actor de teatro y luego de cine. Cuando llegó a la casa de los Martínez del Río tenía cuarenta y dos años y venía a representar un segundo modelo del ambiguo paternalismo que parecía interesar entonces a Dolores.

Era Edwin lo que algunos definieron como un "elegante texano", con un bigote canoso y unos ojos pequeños e inquisitivos; había nacido en el pueblo de Azinesville y tenía ya una larga carrera en Hollywood, donde se inició como un galán de pelo ensortijado y de una personalidad empalagosa.

En 1925 mantenía vigente un contrato con su productora que le permitía firmar nuevas figuras para sus películas. En los créditos de pantalla aparecía "Edwin Carewe Productions". En aquellos días la obsesión de Hollywood se cifraba en encontrar a una mujer que tuviera las misteriosas características que habían convertido en ídolo a Rodolfo Valentino.

Una de estas características, la única que parecía especialmente visible, era la condición latina, y esta aparecía muy notable en el rostro y maneras de Dolores. El llamado "fenómeno Valentino" había conmovido al mundo y desconcertado a los productores de cine, para quienes el italiano no parecía tener nada significativo que justificara tan gran clamor y tanto dinero en la taquilla.

En 1923 las diferentes productoras procuraban opacar los éxitos de Valentino ofreciendo equivalentes latinos igualmente deslumbrantes: Ricardo Cortés, Antonio Moreno, Ramón Novarro.

El amante latino, curiosamente, se ligaba a lugares en donde la mujer parecía sometida a las imposiciones masculinas, contraviniendo el nacimiento de todo un movimiento feminista ya muy visible. Arabia era uno de los escenarios naturales para esos machos, y todos los galanes fueron en esos años árabes, sin que el propio John Gilbert se pudiera escapar de tal designio (*Arabian love*, 1922).

Cuando Dolores llega a Hollywood aún se está exhibiendo *Monsieur*

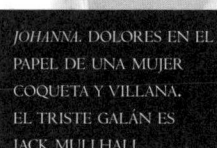

JOHANNA. DOLORES EN EL PAPEL DE UNA MUJER COQUETA Y VILLANA. EL TRISTE GALÁN ES JACK MULLHALL.

Beaucaire (1924), en la que Valentino aparecía con una peluca blanca y un deslumbrante ropaje, y estaba punto de terminar de filmarse *The eagle* en la que el actor se mostraba como un oficial ruso con grandes patillas y uniformes espectaculares.

Jeques, toreros, franceses elegantes, rajás hindúes, millonarios argentinos, habían sido los papeles que hicieron famoso a Valentino.

Con Dolores en Hollywood había que diseñar un camino, si fuera posible, paralelo, y Carewe, como iremos viendo, buscó en el mundo exótico del escenario donde desarrollar el presumible talento de la mexicana.

Dolores, a pesar de sus viajes por Europa, no parece que tuviera una idea del cine por encima de lo que pudiera mantener una joven mexicana educada por monjas.

En cuanto a las preferencias de Lolita, parecía inclinarse por un tipo de hombre maduro, mundano y elegante, como Adolphe Menjou, cuyo filme *Pecadores en traje de gala* se estrenaba en la capital cuando Jaime y Dolores preparaban su boda. Tanto Martínez del Río como Carewe parecen responder a ese perfil en el que es evidente una imagen paterna.

En el mes de septiembre se publica, para asombro de la buena sociedad mexicana, una nota de Salvador Rivero y Martínez en su libro *Eutopía* titulada como "Noticia muy especial": "La distinguida dama mexicana doña Dolores Asúnsolo de Martínez del Río, inicia su carrera cinematográfica con la película *Johanna* de Hollywood. Lleva por nombre de guerra, Dolores del Río, acaso más pronunciable por ingleses."

"Dadas sus dotes artísticas demostradas en el baile, se le augura mucha fortuna en el cinematógrafo que puede frustrar únicamente el escrúpulo social."

El "escrúpulo social" ya había levantado, ante la decisión del matrimonio, todo un vendaval de discusiones y críticas, muchas de ellas malévolas.

Pero tales malevolencias parece que ya se habían puesto en marcha antes de la elección de Hollywood como meta; el matrimonio despertó desde su anuncio murmuraciones basadas no tanto en la diferencia de edad como en las dudas que el comportamiento del marido sugería, muchas veces señalado como de dudosos gustos sexuales.

Que Dolores parece haberse mostrado desde un principio como una mujer de carácter con un temperamento que no se aviene con la imagen de la jovencita salida del convento, nos lo indica una curiosa historia.

En 1922 llega de París Diego Rivera y recibe de José Vasconcelos el encargo de pintar un gran mural en la Escuela nacional preparatoria. A través de su hija Lupe busca a varias jóvenes mexicanas para que le sirvan de modelo.

Lupe Rivera Marín dice que el grupo era "de una manera u otra parte del incipiente movimiento feminista y que rompía con el severo patrón de la educación porfirista, pues aun cuando pertenecían a familias distinguidas y decentes, decidieron incorporarse a la vida artística y cultural fomentada por Vasconcelos".

Cuatro modelos de Rivera fueron Lupe Rivas Cacho, bailarina por entonces en el Liceo; Carmen Mondragón, a quien después bautizaría el Doctor Atl como Nahui Ollin; Palma Guillén, estudiante de filosofía y María Dolores Asúnsolo.

Lola modeló como "la justicia" y Nahui Ollin, ya en camino de ser la figura más escandalosa de su generación, como "la poesía erótica." Esta Dolores Martínez del Río, casada solamente un año antes, parece anunciar a la Dolores del Río que iremos descubriendo más adelante.

El mural es un bello ejercicio italianizante, con figuras simbólicas en actitudes teatrales y en función de toda una escenografía, aparentemente obligada por la estructura de la pared que le fue concedida; un arco en cuyo centro se encontraba un órgano, que Rivera usó como eje del mural.

En unas notas del propio Rivera se describió así la figura de la justicia: "De ropaje blanco, piel oscura, de tipo netamente indígena."

A pesar del indudable academicismo de este primer mural de Diego en México, se produjo una polémica encendida que debió de involucrar a sus modelos. Una de las razones del furor que despertó la pintura de Rivera, acaso haya sido la presencia de una figura de mujer, corpulenta, con grandes senos erectos, que parecía contemplar a las simbólicas damas con aire de asombro.

Los chistes ofensivos, incluso las canciones y los dibujos en la prensa, de alguna forma tocaban a las modelos, ya señaladas como agresoras de lo que entonces se podía llamar el buen comportamiento social.

Según un diálogo sostenido en "uno de los hogares más cultos de México", algunos consideraban la obra como digna de ser tapada con brochazos de cal.

En el mes de marzo de 1923 la pintura fue inaugurada oficialmente. La propia Dolores me contó que su familia no acudió al acto, "porque estaba avergonzada de que yo hubiera tomado parte de tal adefesio".

El incidente nos dice más del mundo en que se movía el joven matrimonio de cuanto pudiera más tarde confesar Dolores.

Por lo pronto, alrededor de Diego Rivera se establecía un grupo iconoclasta y valiente, que despertaba la indignación de una sociedad pacata.

Después de pasar por una época cubista en París, llegaba a México el pintor lleno de teorías revolucionarias, no sólo en arte, sino también en política. Justamente entonces anunció que había entrado en el Partido comunista.

A su alrededor comenzaban a moverse figuras femeninas en franca oposición a lo que algunos llamarían comportamiento social correcto: Lupe Marín, Frida Kahlo, Concha Miguel. En tanto los pintores se reunían en un sindicato de artistas.

Estas amistades a las que Dolores conoce mientras posa para el mural de la Escuela preparatoria y a las que su marido trató, sin duda, en sus años parisinos, comenzaron a alejar a Lolita del colegio de su educación monjil, abriéndole nuevos caminos. Así, no resulta extraño suponer que Fito Maugard, que ya conoce los problemas económicos del matrimonio, al presentarle a un productor de cine de Hollywood sabe que ambos no se escandalizarán.

A mi juicio, cuando Dolores invita a su casa a Carewe conoce muy bien que entre Fito, Jaime y Edwin se han entablado previamente conversaciones sobre el espinoso asunto.

Otro acontecimiento va a transformar la vida del joven matrimonio. Dolores cae en estado y aborta en los primeros meses, después de unos días en los que parece que estuvo en peligro su vida.

La noticia de que estaba esperando un hijo había sido recibida por la sociedad mexicana con cierto desconcierto, ya que se aseguraba constantemente que el esposo no estaba en condiciones de tal hombría.

Dolores apenas si mencionaba el incidente, sino recurriendo a una imagen ambigua.

"En mis primeros años de matrimonio la naturaleza me negó como madre. Me repuse de lo que pudo haber sido traumático, haciendo cine."

De esto cabría deducir que en el hecho de que no tuvo hijos, la naturaleza, y no su propia decisión, fue determinante.

Según su prima y amiga Andrea Palma, el aborto de Lolita fue lo que le permitió llegar a ser Dolores del Río. La seguridad de que no podría tener hijos –cosa que según ella un doctor mexicano diagnosticó– hizo posible el viaje a Hollywood.

El propio marido entendió que la falta de hijos permitía al matrimonio una libertad que de otro modo no tendrían.

JOHANNA (1925)

"SÓLO RECUERDO QUE ESTABA TAN ASUSTADA Y ASOMBRADA QUE TODO PASÓ COMO UN SUEÑO."

DOLORES DEL RÍO.

1925. *JOHANNA*, PRIMERA PELÍCULA. DOLORES CON LA ESTRELLA DOROTHY MACKAILL.

Edwin Carewe había estado preparando su película *Johanna* desde antes de partir para México y ello lleva a sospechar que su viaje tenía como razón principal encontrar a esa figura femenina capaz de interesar al espectador estadunidense de cine. Cabe pensar que el encuentro con Dolores no fue fortuito, sino que había contado a Adolfo Best la necesidad de llevar a Estados Unidos a una belleza mexicana y éste le habló de su amiga, la esposa de Jaime. Si tal cosa es así, como se desprende de los acontecimientos, se entiende que Edwin, apenas instalado en Hollywood, pone en marcha su proyecto de película, espera al matrimonio Martínez del Río y dando a Dolores escasos trece días para que se ambiente, inicia la filmación.

Las películas mudas, en blanco y negro y de poco presupuesto, no necesitaban más de cuatro semanas de rodaje y en ocasiones se hacían aun en menor tiempo.

Dada la absoluta inexperiencia de la mexicana, el papel que le asignaron en su primera película no era el principal, sino uno secundario que, sin embargo, permitía mostrarla de manera brillante.

Más que la importancia verdadera de este filme, conviene atender en este libro a la reacción desesperada en México ante el estreno.

Contamos con una crítica aparecida en *Revista de Revistas* y firmada por Celuloide, que era el seudónimo que usaba Jaime Torres Bodet, posteriormente, uno de los miembros de Los contemporáneos.

Bajo el título de "La primera película de una compatriota". Celuloide narra el argumento, "Johanna, hija del pueblo, maniquí de una casa de modas en Nueva York y novia de un joven ingeniero electricista que habrá de hacer más tarde una fortuna con el radio, es elegida por unos millonarios, sin ocupación aparente en el filme, para servir de demostración a este principio: una mujer pobre, cuando llega a probar las delicias de la riqueza, es incapaz de volver al círculo del que partió. Cambiará, por tanto, de dueño, o de esclavo, conforme lo necesite para la satisfacción de sus placeres." Cuando Johanna recibe la noticia de que unos desconocidos le han legado un millón de dólares, entra en el despilfarro.

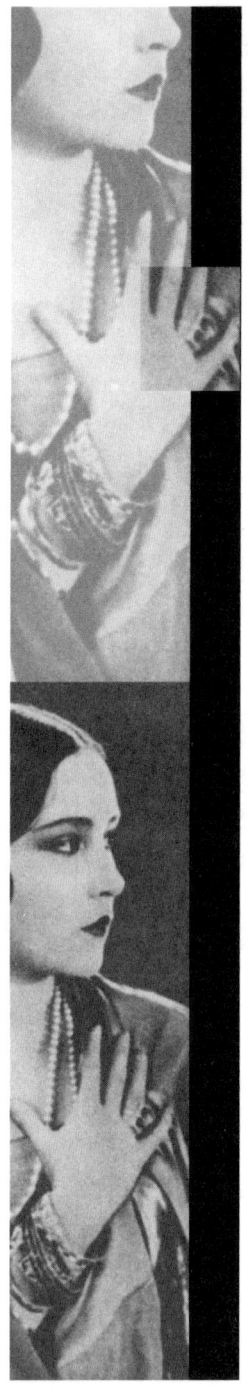

"Las primeras semanas son de vértigo. Trajes costosos, vehículos de lujo, alhajas, pieles, abanicos, desfilan en un suntuoso carnaval."

La maniquí, convertida en mujer rica, abandona al novio. Pero el dinero se termina; Torres Bodet se pregunta si Johanna caerá en los brazos de algún amante rico.

Algo la salva: "en el preciso instante en que su voluntad podría flaquear, la voz de su novio le llega a través del radio". Y después de una precipitada carrera que lleva a los dos a una delegación de policía, se abrazan y recomponen su amor dañado por el exceso de dinero.

Celuloide aprovecha para añadir una nota burlona: "No hay amor que no sea, en cierto modo, una cárcel y, como símbolo de esa verdad, vemos a los novios distanciados por la riqueza encontrarse en la prevención y un fondo de rejas benévolas sirve de marco al más ceñido abrazo. La moraleja no es nueva, pero es infalible; cuando una mujer ama, ¿qué significa un millón más o menos?"

Y después coincide con otro poeta, José Juan Tablada, quien habiendo visto la película en Nueva York, dijo que Dolores no daba el tipo de "vampiresa" que interviene en los amores de Johanna. Torres Bodet señala cautelosamente que no sabe, por otra parte, si Dolores merezca algo mejor, pero que "es seguro que merece otra cosa".

"Es cierto que principia y que se nota demasiado que principia, pero ¿no hemos notado también esto mismo en muchas otras actrices que ahora son estrellas?"

Los dos poetas, Tablada y Torres Bodet, no podían, por entonces, adivinar que en Lola del Río se escondía un nuevo tipo de mujer, aún no encasillada, como la historia del cine nos llevará a descubrir.

Cabría señalar aquí cómo la vampiresa cinematográfica, que nació con Theda Bara en 1914, se había desarrollado en otra dirección: la *flapper*.

El propio Torres Bodet será poco tiempo después uno de los primeros en señalar las características más sobresalientes de este personaje femenino.

"Coolen Moore introdujo, hace algunos años en el cinematógrafo, la silueta muy moderna, de la *flapper* americana, de la muchacha que bebe cocteles de alcohol etílico, que baila al claro de luna en traje de baño, sobre la arena tibia todavía del crepúsculo próximo, junto al mar de California o de Miami." Y señala Celuloide que el personaje es equidistante de la ingenua y del vampiro, "géneros ya agotados por fortuna y de la insustancial sicología de folletín".

Ese tipo femenino que domina la pantalla cuando Dolores llega a Hollywood es "la moderna", pero para Celuloide la moderna de 1926 es idéntica a la *flapper* de 1923. "El mismo fuego epiléptico la enreda y la desenreda al tallo sinuoso del erotismo que la hipocresía del argumento señala a hurtadillas, acaricia de paso y no se atreve nunca a estrujar" y llevó su atrevimiento el crítico de cine a lamentar que la moderna, estando a punto de convertirse en "la gran viciosa", se detenga justamente "en el momento en que podría aprender el arte de ser interesante".

Dolores del Río inicia, de forma convencional, ese tan esquivo arte, pero llegará más lejos.

Johanna se estrenó el 6 de marzo de 1926 en el entonces importante Salón rojo, de la capital de México y en el llamado Circuito máximo, que sumaban un buen número de salas en el Distrito Federal. Se anunció como *Johanna o la muñequita millonaria*.

Dolores del Río aparecía en el tercer lugar de los créditos interpretando a Carlota de Silva, la vampiresa que se interpone en los amores de los protagonistas.

LA VIDA ALEGRE

"HACIA LA NAVIDAD DE 1925 CONOCÍ A CHAPLIN,
EN EL HENRY'S BAR DE HOLLYWOOD BOULEVARD."

DOLORES DEL RÍO

SEPTIEMBRE DE 1925.
SENTENCIADA A
SER "ESTRELLA".

Los meses que siguieron al estreno en Nueva York de *Johanna* fueron duros para Lola, que se encontró con otro guión entre las manos, horas dedicadas a aprender inglés y constantes sesiones de fotografía. Entre el estreno de su primera película y el inicio de la filmación siguiente pasaron sólo cuatro meses, ya que Edwin había comprado los derechos de una obra titulada *Heirs aparent a novel*, de Philips Hamilton Gibs, y tenía a sueldo a dos escritores, uno de ellos, Lois Leerson, contratado para tres películas.

En las visitas al famoso Henry's, un restaurante del que se afirmaba era dueño Chaplin, por los testimonios que nos han llegado, iba acompañada de su esposo y de su director, con los que formaba un terceto que comenzaba a ser reconocido.

Mientras tanto, en México se formaron dos grupos de opiniones contradictorias sobre el comportamiento y el primer trabajo de la joven aspirante a estrella en Hollywood; impresiona la pasión que Dolores despertó desde muy pronto y, dado el entusiasmo de sus defensores, cabría pensar que intentaba paliar las críticas que se venían sucediendo en la sociedad.

Los artículos favorables sobre la mexicana parecen decirnos, a través de la misma defensa, que era necesario, en aquel momento, llevar sus elogios hasta muy aventurados extremos.

El día 13 de marzo de 1926, cuando sólo hacía unos días que se había estrenado *Johanna*, se publica en el diario *El Universal* un largo artículo firmado por Xavier Sorondo, que merece ser reproducido en sus partes más significativas.

Fue Sorondo un periodista, poeta y más tarde diplomático que escribió en ocasiones de cine.

Por lo pronto se asombra de que Dolores haya tardado tanto en decidirse a buscar el triunfo artístico: "La primera consideración que nos sale al encuentro después de asistir a la iniciación cinematográfica de Dolores del Río, tiene el aspecto apremiante de una inquietud: ¿cómo es posible, merced a qué esfuerzos de voluntad bien templada logró sustraerse por tanto tiempo esta joven señora de belleza asiática a la seducción del arte, y algo más imantado aún a la admiración anónima y colectiva levantando en sus manos múltiples un tablado para que repiquetearan encima las alegrías de esta bailarina aristocrática?" Este párrafo parece decirnos que apenas salida del colegio y casada, Dolores comenzó a bailar en público hasta alcanzar fama dentro de la sociedad capitalina. Sorondo no la vio, pero la imagina ensayando pasos de baile "frente a los espejos del salón, para que el enorme pañuelo de Manila, venido del archipiélago en la nao de Acapulco, se enrollase a su cuerpo como si de pronto lo salpicaran de flores desteñidas y sumisas".

Sabemos, por este texto, que Lolita era figura habitual en las representaciones de tipo benéfico: "Las fiestas de caridad, organizadas por damas de la alta sociedad, la hallaron siempre pronta para subir al tablado escénico con la peineta de carey en el pelo untado, los palillos de alharaca en las manos y un clavel reventón entre los labios."

Esa información sobre la afición a exhibirse con danzas españolas parece apoyar la teoría de que lo concertado por el pintor y el marido de Dolores para que la conociera Edwin Carewe no fue una reu-

DOLORES, RITA CAREWE Y LLOYD HUGHES.

nión para tomar té, sino toda una demostración privada de danza.

El propio Xavier Sorondo se imagina ese momento, y supone que ella debió soñar con un triunfo en Hollywood cuando bailó frente al director yanqui de películas como "si lo hiciera frente a un nuevo Tetrarca". La comparación de Sorondo es delicada, ya que nos lleva a imaginarnos a Dolores despojándose de uno o varios de los míticos siete velos.

Esta exhibición de las habilidades de Lolita ante un recién llegado fue ocultada cuidadosamente por ella misma, que prefería la versión de una visita circunstancial y un "descubrimiento providencial y fortuito" por parte del cineasta.

Reduciendo la historia a una descripción menos lírica, podría decirse que Jaime Martínez del Río conoce la presencia de Edwin Carewe en el Distrito Federal, organiza una reunión a través de los buenos oficios de Maugard y en esa tarde Dolores viste su me-

jor vestido de bailarina andaluza, ponen en el gramófono un disco –el propio Jaime toca el piano– y baila. Carewe queda seducido hasta un punto que se irá descubriendo más tarde.

A mi juicio, toda esta confabulación revela que la idea de convertir a Lolita en una profesional del arte no surgió de aquella reunión "para tomar té", sino que con toda seguridad fue discutida y estudiada por el matrimonio. Lo que acaso sea excesivo es suponer que en algún momento la pareja de recién casados pensó en convertir a la joven esposa en una bailarina profesional, intención que de ser cierta pudo haber partido del éxito que disfrutaba por entonces Raquel Meller, famosa, rica y bien conocida en Estados Unidos.

Y Sorondo, que parece también adivinar por entonces lo que ahora yo trato de reconstruir, escribe:

"Tal vez la pantalla resulte un poco fría para su éxito completo. Dolores del Río en el paisaje del teatro, inmediato y cálido, sería seguramente una bailarina con el sortilegio de Cleo de Merode, sutil, estilizado, aristocrático, pero con el subrayado más intenso de la pasión. Basta adivinarla en el momento en que baila en la pantalla."

Y resume lo que le sugiere Dolores: "El morbo divino del pecado." Una fotografía de Cleo de Merode de la misma época la muestra como una jovencita con rostro de una ingenuidad demasiado pura como para que no despertara oscuros deseos, y una larguísima melena que le caía hasta por debajo de los dos senos, ambos discretos. Sorondo debió ser un conocedor del pecado morboso.

La aristocracia mexicana, las familias de bien, sin duda adivinaron algo de esto en la súbita salida de Dolores para la llamada Meca del cine y las murmuraciones debieron ser la comidilla durante muchos meses.

Sorondo aplaude a la joven que rompe con todo y trata de abrirse camino "en un medio como el cine, anatematizado por la severidad social".

El día 21 de agosto de 1926 se estrena en el cine Palacio del D.F. el segundo filme de Dolores, titulado *La vida alegre*. A muchas jovencitas de familia prestigiosa se les prohibió ir al cine: el ejemplo podía cundir.

Años más tarde Humphrey Bogart ponía este filme como ejemplo de lo que él llamaba "la lógica de Hollywood", ya que para representar a una muchacha sajona se contrataba a una belleza latina, Dolores, a la que hubo que rizar el pelo, depilar las cejas y empequeñecer los labios.

LA TAZA DE TÉ (IV)

"DESDE EL PRIMER MOMENTO ENTENDÍ EL CINE COMO UNA PROFESIÓN."

DOLORES DEL RÍO

La lluvia me sorprendió mientras me bajaba del coche y atravesaba el jardín en busca del saloncito ya bien conocido.

La señora bromea:

—¿Quiere usted que el trago se lo traigan hoy caliente?

La historia de su vida había venido complicándose días atrás. Dolores vetaba toda posibilidad de que ciertas realidades aparecieran en el filme en proyecto.

—Tengo que guardar respeto por mi actual marido.

Y, después, como respondiendo a otra idea:

—Y a las personas que van a ver mis películas.

Para suavizar la tensión que mi afán por entrar en lo que se suele llamar vida privada producía en la dueña de la casa, fuimos a topar con el tema de las modas.

Y resultó, curiosamente, fascinante.

"YO INVENTÉ EL TRAJE DE BAÑO DE DOS PIEZAS Y BLANCO. LA CENSURA OBLIGABA A CUBRIR EL OMBLIGO."

Dolores, que había cuidado tanto su reputación de gran dama, parecía dispuesta a conceder mucho esa tarde lluviosa.

—Yo cambié las modas en Hollywood y esto no se suele comentar.

—¿Qué tipo de modas?

Y me cuenta que ella diseñó el primer traje de baño blanco de dos piezas que después se puso de moda. La parte inferior constaba de unos pantaloncitos muy breves, sobre los que se acomodaba una falda, también muy corta, que dejaba la cintura descubierta, pero no el ombligo.

—Si hubiera mostrado el ombligo se habría formado un escándalo en aquellos días.

La parte superior dejaba un hombro desnudo, y conformaba un *brassiere* no muy estrecho.

Ríe maliciosamente la señora: "Yo diría que mostraba diez centímetros de cintura."

Pero lo importante es que el traje de baño, con el que Dolores no pretendía bañarse en absoluto, era blanco.

—Un traje de baño blanco nunca se había visto en aquellos días, pero a mi piel le iba muy bien. Yo tengo una piel que el blanco resalta. Lo curioso es que otras artistas rubias comenzaron a usar el mismo traje y esto era un desastre, ya que a las muy rubias el blanco les sienta muy mal.

Ya dentro de las confidencias me habla de su boca.

—Fui de las primeras que me negué en Hollywood a pintarme la boca de piñón. Yo tengo una boca amplia y maquillarla como un corazón era un disparate. Así que me comencé a pintar los labios de acuerdo con su mismo dibujo. Esto hoy no asombra, pero entonces me obligó a tener discusiones con los maquillistas del estudio y también con algunos directores. Se pensaba entonces que la boca dibujada como un corazón era más sensual. Tonterías. Ustedes saben que por entonces en el cine sólo se veía a los actores besar con la boca cerrada. Besar con la boca abierta era indecente.

Y cierra los labios de tal forma que le doy la razón.

−Cuénteme algo más de la moda de los años veinte.

−Me enamoré de las blusas de seda cortadas de tal forma que dejaran totalmente libres los brazos. Una modista me las hacía y tuve muchas. El brazo estaba desnudo a partir del hombro. Además de ser muy... [duda] Bueno, iban muy bien para el clima de California.

Lo que jamás llegaría a saber Dolores es que esa tarde, al volver a casa, la imagen de la camisa de seda sin mangas me llevó a escribir una novela que se tituló *Siempre Dolores*.

−"Hábleme de su frente."

−"Ese fue otro problema. Se había puesto de moda que la frente de las mujeres quedara reducida por una franja de tela, un sombrero estrecho o una diadema. Algunas actrices llegaron a usar, como Pola Negri, lo que yo llamé un cubrefrentes, que casi les tapaba las cejas. Yo defendí con fuerza, a base de discusiones, mi frente amplia. Y tuve razón, con el paso del tiempo los pintores llegaron a ampliar mi frente por encima de la realidad. Yo creo que a los modistas de entonces les molestaba que las mujeres pensaran.

Y Dolores ríe, pero cautamente.

−Tengo la sensación de que muchas artistas de cine llegaron a imitarla a usted.

−Pues la verdad, sí.

Y me cuenta, procurando disimular su orgullo, que estas victorias sobre la costumbre y la moda no fueron fáciles. Incluso fue muy difícil. "Algunas cosas me hicieron sufrir, porque yo no quería aceptar las modas, sino mostrarme tal y como yo sentía que era. Imagínese al principio una recién llegada, que hablaba un inglés pésimo, intentando imponerse."

−Pero se impuso.

−Pues la verdad, sí.

VIVIENDO ANTE LAS CÁMARAS

"VIVÍAMOS DENTRO DE UNA PRISIÓN LLAMADA RELOJ."

DOLORES DEL RÍO

1926. *PALM FIRST*. VUELVE A VESTIRSE DE NOVIA.

Johanna se estrena en Nueva York en plenas navidades de 1925 y el matrimonio acude a presenciar la primera proyección.

En enero Lola encuentra a Diego Rivera, del que había sido modelo, y de esta reunión tenemos noticia por una crónica de José Juan Tablada que se publica el día 17 del mismo mes en México. El pintor lleva a Jaime y Lolita a conocer lugares interesantes de Nueva York y los presenta a artistas y escritores. Parece que el director Edwin también formó parte del grupo.

Por entonces el viaje desde Hollywood a Nueva York significaba recorrer los cuatro mil quinientos kilómetros en un tren que invertía tres noches en el trayecto. Las gentes de cine procuraban coincidir en tan largo viaje para organizar partidas de cartas, fiestas y reuniones en los vagones privados. Quienes se aventuraban a viajar en automóvil sabían que invertirían siete días en el trayecto.

Para Dolores el viaje fue alegre preludio de una temporada que recordaba como infernal. Noticia del plan de trabajo al que fue sometida, nos la da la sucesión de estrenos en Nueva York de filmes en los que fue apareciendo.

12 de abril de 1926, estreno de *High steppers*.

21 de julio, estreno de *Palm First*

24 de noviembre, estreno de *The whole town's talking*.

Estos primeros tiempos fueron poco agradables. Las películas dirigidas por Edwin Carewe con Dolores no tuvieron la repercusión que la productora esperaba y sostenía que la mexicana jamás sería un importante atractivo de taquilla.

Edwin la apoyó una y otra vez y tuvo que abandonar First National y aceptar que ella pasara a ser dirigida por otro.

Esta ruptura con la productora y distribuidora de los filmes de Edwin vendría a ser de una importancia esencial en la carrera de Dolores, que ya había comenzado a pensar que su futuro en el cine no era el brillante que Carewe le había augurado.

Rafael Martínez Gandía ("Dolores del Río la triunfadora") dice que en *Palm First* tampoco Dolores confirmó las esperanzas que en ella tenía puestas su descubridor. Su actuación fue tan mediocre que la First National, después de este tercer intento, desistió de seguir repartiendo roles a Dolores. Carewe se enfadó. Quiso influir para que le dieran otra oportunidad; amenazó con marcharse. Pero no le hicieron caso. Y tuvo que cumplir su amenaza: se marchó.

Por otra parte, los asuntos de don Jaime no iban bien.

Convertido en el esposo de una estrella, pero obligado a no aparecer como tal en las reuniones con los reporteros, insistía sin éxito alguno en escribir argumentos que no le eran aceptados. Otro conflicto lo representaba los cada vez más insistentes rumores del amor que a su esposa le tenía un director que se estaba jugando su propio empleo por defenderla.

Jaime, que había venido prestándose a ser una mezcla de padre y protector de Lolita, veía cómo parte de ese rol le era sustraído por Edwin, quien, además, seguía siendo a los ojos de Hollywood el hombre donjuanesco e irresistible de sus años de galán cinematográfico.

La madre de Lola comenzó también a ser un elemento conflictivo; los amigos del matrimonio nos han dejado un buen número de confidencias que señalaban a la señora como una influencia profunda de su hija, a la que estaba viendo mal manejada y necesitada de un apoyo más fuerte que el del marido y más prometedor que el de un director de discutible talento.

Dolores procura huir de la confesión de que fueron meses dolorosos y nos remite, una y otra vez, en nuestras reuniones alrededor de la taza de té, a confidencias menores.

"Por aquellos años todos los estudios tenían sus violinistas y otros músicos. Cuando las actrices y actores eran muy importantes o la escena obligaba a una especial concentración, empleaban pequeñas orquestas para crear el clima adecuado en el set."

"Como las cámaras eran ruidosas, el violinista tenía que acercarse bastante a los intérpretes y se obligaba a todos los trabajadores a guardar un absoluto silencio."

Años después Dolores aún recordaba esos momentos de tensión cuando el fotógrafo acercaba la cámara a su rostro y comenzaba a sonar el vals.

–Eran momentos muy especiales, tensos, y yo solía llorar de verdad.

La protagonista de *High steppers* fue Mary Astor, cuyo verdadero apellido era Vasconsells. Casi de la misma edad que Dolores, se había dado a conocer en la película *Beau Brummel* haciendo pareja con John Barrymore. Era una mujer de aspecto delicado, lo que no le impidió, muchos años después, hacer de villana en *El halcón maltés*.

En el primer lugar del reparto Carewe puso a Lloyd Hughes, quien era ya un actor experimentado (puesto que se había iniciado en el cine en 1915), con la indudable intención de rodear a la nueva estrella de figuras taquilleras y acercarla, poco a poco, a ese primer lugar que le vaticinaba.

Mientras Dolores trabajaba a todas horas con Edwin Carewe, el marido se quedaba en casa intentando el nuevo oficio para el que se creía muy bien dotado: escribir guiones.

Carewe tenía prácticamente cercada a Dolores durante estos meses de enloquecido esfuerzo y cuidaba, también, que la publicidad la mantuviera viva e interesante no sólo frente a la opinión pública de Estados Unidos, sino también de la mexicana.

Las noticias que llegan a los diarios de México sobre la estrella informan de la imaginación del equipo de publicistas que trabajan para ella, ya que no sólo aparecían notas sobre su trabajo sino también curiosas informaciones. El día 13 de septiembre de ese mismo año, se comunica que Dolores del Río no ha tenido ni arte ni parte en la liberación del rebelde mexicano anticallista general Enrique Estrada, tal y como otros cables anteriores habían afirmado.

Dolores aprovecha la ocasión para dar noticia de sus películas y de sus proyectos para el futuro.

En el mes de noviembre de 1928, más de dos años después de que Dolores lo hiciera, llega a Hollywood –habiendo ganado un concurso patrocinado por la Fox– quien alcanzaría a ser otra estrella de cine: Lupita Tovar. Sus recuerdos iluminan aquellos días en lo que se llamó la Meca del cine.

"La colonia mexicana de aspirantes a actores o directores vivíamos con muchas apreturas. Yo estaba viviendo en una casa muy modesta junto con mi abuelita. La mayoría de los mexicanos aceptaban papeles de extra en cualquier filme, pero se ayudaban los unos a los otros y organizaban fiestas los fines de semana. En ese mundo Dolores del Río era la dama distinguida y ser invitado por ella a su casa resultaba un acontecimiento que pocos podían contar. Cuando se comenzaron a hacer películas habladas, se inició el sistema de rodar al mismo tiempo la versión en inglés y la de idioma español. Se filmaban las dos al mismo tiempo, pero la inglesa se hacía de día y la española de noche, usando los mismos decorados. Era un trabajo muy duro. Envidiábamos a Dolores del Río, ya una estrella."

Emilio Fernández se quejaba de que cuando se encontraba en un estudio con Dolores, ésta no lo saludaba y que más de una vez se dijo para sí mismo que se vengaría ascendiendo a la misma fama que su compatriota ya gozaba.

CUANDO LA FAMA ESTALLA (1926)

"WALSH ERA UN HOMBRE DISTINTO."

DOLORES DEL RÍO

DOLORES. LA MIRADA MELANCÓLICA.

A mediados del año 1926, Edwin, ya sin el apoyo de su productora, se ve obligado a ceder los derechos sobre Dolores a una nueva organización. Desconcertada y sumisa, Dolores firma con Fox Film Corp. a través de William Fox.

Esta decisión va a resultar definitiva para la carrera de la mexicana. El director será Raoul Walsh.

Walsh era hijo de un irlandés y de una española; cuando se hizo cargo de la película *El precio de la gloria* tenía treinta y cuatro años y ya era un veterano que había escrito dos obras de teatro y actuado en el papel del asesino de Lincoln en la película de Griffith *Nacimiento de una nación*.

Neoyorkino, había sido tocado por la magia del Oeste americano y por los personajes mexicanos o fronterizos; esta fascinación se inicia cuando dirige *Life of Villa* e incluso hace el papel de Pancho joven en el filme, que fue exhibido como dirigido por otro.

La Fox entrega a Walsh no sólo el guión de la película que le encarga, sino que le pide que se haga cargo de buscar a los intérpretes; esa fue una tarea que hizo con gran cuidado. Al final, el reparto lleva como estrella a Victor McLaglen, seguido de Edmund Love y de Dolores en el papel de Charmaine, que más tarde (1952) hará Corinne Calvet.

En sus memorias, Raoul recuerda:

"Empezamos a repartir los papeles, y mi insistencia provocó ciertos levantamientos de cejas, pero quería los mejores talentos que el estudio pudiera hallar. Cuando contratamos a Victor McLaglen –un hombre grandote y un actor bueno que, en una ocasión, luchó con Jack Johnson, el boxeador famoso– para el papel de capitán Flagg, respiré mejor. McLaglen tenía las cualidades que su rival declarado señala en la obra: "Tieso como un mástil, musculado como un gorila y cristiano como el infierno."

Para el papel de "sargento Quirt" fue seleccionado Edmund Love, que era un ídolo de las muchachas, pero al que Walsh confía en convertir en un "actor de verdad".

Raoul confiesa que con esa pareja de protagonistas masculinos tenían una baza importante, pero no hallaban a una figura femenina que diera el tipo y el carácter de la muchacha francesa llamada Charmaine, pero, al fin "la encontramos en una de las muchachas más encantadoras que haya dado México. Se llama Dolores del Río".

What Price Glory (*El precio de la gloria*) tiene un argumento tomado de una obra de teatro que tuvo un gran éxito de público y llevó a la fama a sus autores: Maxwell Anderson y Laurence Stallings. Walsh entiende que se trata de una historia de soldados y de guerra, pero que en ella es esencial la gracia, coquetería y presencia de la francesita, y cuida con esmero el trabajo de Dolores, que aparece ya segura de sí misma y sumamente bella.

Ha pasado solamente un año desde el estreno de su primer filme cuando el éxito de *What Price Glory* convierte a Dolores en una estrella famosa. En cuatro semanas en el Roxy Theater de Nueva York el filme recauda setecientos ochenta mil dólares y, como se formaran largas colas para verla, deciden proyectarla durante las veinticuatro horas del día.

Antes de terminar estas cuatro semanas, la película ya había pagado su costo, y en los siete primeros días implantó un nuevo récord al recaudar en taquilla ciento sesenta mil dólares.

Sin embargo, el estreno generó polémicas; grupos moralistas acusaron a Walsh de haber hecho que sus dos actores emplearan un vocabulario soez, y un especialista en leer los labios dijo que jamás en el cine se habían empleado palabras tan denigrantes.

El *New York Times* seleccionó la película como una de las diez mejores del año 1926.

En cuanto a Dolores, su trabajo la situó en un alto nivel de profesionalismo que todos le reconocieron; sus escenas más difíciles fueron rodadas una sola vez, y la colonia francesa de California le ofreció homenajes a pesar de que hubiera preferido que Charmaine fuera una actriz parisina.

En cuanto a Dolores, cabe decir que entendió perfectamente que estaba ante una ocasión única de alcanzar la celebridad; rodeada de personajes toscos, de soldados embadurnados y machistas, ella podía representar la gracia femenina, tal y como se le supone a una joven francesita coqueta.

Abandonando los retos de su pudorosa infancia colegial, se entregó a un despliegue de desparpajo y desvergüenza que a una parte de la crítica le pareció exagerado.

También se le señalaron defectos tales como el de llevar las manos a la cintura constantemente y el de falsear el personaje que en el teatro era el de una joven campesina inexperta.

El público, sin embargo, quedó cautivado por la mexicana.

En Estados Unidos su fama creció de forma repentina y, en junio de 1927, el presidente Hoover quiso conocerla y concedió a Lola una entrevista en la Casa Blanca, donde fue presentada por el embajador mexicano Téllez.

A esa audiencia acompañó a Dolores su madre, doña Antonia,

EL TRIUNFO. ESTRENO DE *WHAT PRICE GLORY*. LA BELLA FRANCESITA "GERMAINE" JUNTO AL CAPITÁN "FLAGG" (VICTOR MCLAGLEN) Y EL SARGENTO "QUIRT" (EDMUND LOVE).

pero su esposo no fue.

Los diarios publicaron, también, una carta de Dolores en la que afirmaba que "había tan gran número de grandes estrellas de Hollywood ansiosas por obtener el papel de Charmaine que yo ni me atrevía a soñar que sería la elegida. Tanta fue mi alegría cuando supe la noticia que pasé dos días totalmente aturdida por medio de la inesperada felicidad, ya que, después de todo, yo era una recién llegada al cine y al dárseme tal oportunidad no pude menos que sentirme locamente feliz. Espero tener la ocasión de hacer muchas películas a medida que pasen los años, y aunque no sé cuántas aventuras, cuántas sensaciones o qué otros grandes papeles me reserve el porvenir, dudo que vuelva a experimentar lo que sentí en *El precio de la gloria*, las que, llenas de aventuras y de pasajes tristes y humorísticos, me mantuvieron intensamente sobrecogida e interesada, desde el principio al fin. Durante meses fui realmente Charmaine, la aldeanita francesa que luchara con dos grandes amores y no Dolores del Río, la actriz. Tal vez se debe a mi falta de experiencia en el cine, pero me entregué tan sinceramente a mi papel que no hubo momentos en que yo no fuera otra cosa que la chica francesa junto a las líneas de fuego".

La película se exhibió los días previstos en México y luego el señor Bell, gerente de la productora Fox, anunció que se prorrogaba el contrato para que continuara el cartel.

En México, a la película la precedió una excelente campaña de publicidad que fue recogiendo los éxitos obtenidos en Nueva York y señalando que el filme significa "el triunfo de México en el arte".

Se publicaron en gran formato anuncios en los que aparecían los telegramas cruzados entre diversos exhibidores en que se hacían eco de los récord obtenidos en cuanto al público por el "teatro más bello del mundo, el Roxy de Nueva York".

Aparecieron también fragmentos de críticos extranjeros en los diarios del D.F. y se dijo que la Fox había recibido ofertas de las diferentes cadenas de exhibición mexicana. "Unos han ofrecido hasta veinte mil pesos por veinte días de exhibición y otros subieron hasta veinticinco mil pesos. El gerente de un teatro ha ofrecido el setenta por ciento de sus entradas brutas." Finalmente se anunció que sería el Primer circuito quien daría a conocer la película. Ésta se estrenó un sábado en el cine Palacio y fue un éxito de público "a pesar de la difícil situación pecuniaria por la que atraviesa el país".

La fotografía del lanzamiento escandalizó, de nuevo, a la clase privilegiada y pacata de México. Dolores aparecía siendo besada en un hombro por un Edmund Love apasionado, mientras ella parecía estar en pleno arrebato amoroso.

En los últimos días parecía que se estaba viviendo el triunfo del cine nacional; mientras se ofrecía el *reprise* del filme de Dolores se anunciaba la película de Ramón Novarro *Romance*. Una gacetilla señalaba el caso: "En la historia del cine en México va a registrarse un hecho realmente insólito, en una misma semana se presentarán en los mejores cines de la capital dos películas que han brindado los mayores triunfos a los dos artistas mexicanos más renombrados en el mundo de las películas."

LA GUERRA

"LA TAQUILLA DICE QUIÉN VENCE EN EL CINE."
METRO GOLDWING MAYER

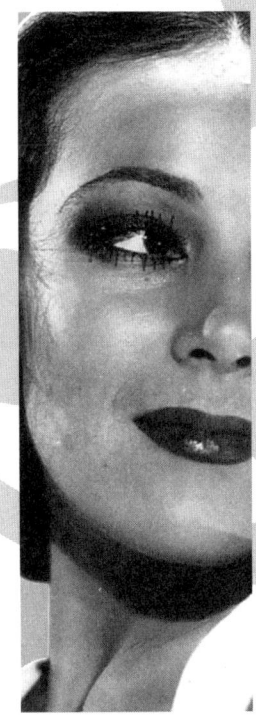

"El Roxy era la catedral del cine y creo que fue lo que más me impresionó de Nueva York. Era algo suntuoso en una época en la que los cines importantes eran verdaderos palacios cargados de estatuas y decoraciones muy extravagantes. Yo había estado ya en Nueva York, pero llegar como estrella de cine a presenciar una película que antes de estrenarse ya era famosa, hacía que todo fuera distinto. Yo era muy joven, hay que recordarlo, y las cosas se habían producido de forma muy rápida, sin darme tiempo a digerirlas.

"Cada descubrimiento era una aventura; incluso manejarme con los periodistas hablando en inglés, que todavía no dominaba.

"Fue en Nueva York en donde dije por primera vez que yo era mexicana y no española; para mí era muy importante abandonar el mito de una aristócrata andaluza, que me habían inventado en Hollywood. El Roxy era impresionante, enorme, lo recuerdo lleno de cortinas. Una se podía perder en el Roxy. Fui de compras con mi marido y también a los restaurantes que estaban entonces de moda. Los periódicos mencionaron que yo estaba en Nueva York y Diego Rivera lo supo y nos buscó. Creo recordar que estaba metido en líos por causa de un mural que acusaban de ser una obra comunista. Apareció en el hotel, creo que era el Waldorf, vestido como un albañil, todo manchado. Le gustaba espantar a la gente. Entonces debía tener unos cuarenta años y cojeaba, creo, porque se había caído de un andamio, pintando un mural en Chapingo; pero acaso eso haya sido después. Guardo una fotografía de Diego y mía en Nueva York, ambos estamos riendo. A Diego la película le gustó mucho porque era un ataque a la guerra. Me dijo que había conocido muchas francesas y que yo parecía francesa en la película.

"Jaime lo invitó a cenar y se presentó vestido con corbata, muy bien. A Diego le gustaba comer, comía mucho. Nevó en Nueva York y me compré un abrigo de pieles maravilloso; a Jaime le gustaba acompañarme cuando yo iba de compras. Alguna noche fuimos a bailar.

"Nueva York era un lugar maravilloso, maravilloso. Pero esas vacaciones duraron muy poco. Yo tenía que volver a Hollywood. Mi agente había firmado yo creo que tres contratos más. La Fox quería que el mismo grupo de actores de *What Price Glory* hiciéramos una continuación, una segunda parte de la película y creo que ya estaban escribiendo la historia. Después, el proyecto se abandonó. No sé por qué. Salimos de Nueva York un poco tristes."

Es posible que acudir de nuevo al atractivo de una película de guerra que ya no estuviera dentro del triunfalismo de los primeros años, sino que mostrara la crueldad de las batallas, la sangre y la muerte, pareciera arriesgado a los productores frente a un público cansado que ya acudía a contemplar otro tipo de cine.

La historia de *El precio de la gloria* arrastraba ya demasiado tiempo. Se había estrenado como obra de teatro en Broadway y estaba escrita por un veterano de la guerra que había perdido una pierna en un combate. Se llamaba Laurence Stallings y se había asociado con un autor, Maxwell Anderson, que se iniciaba pero que llegaría a obtener más adelante grandes éxitos. De Anderson fue, en 1939, *Key Largo* que también fue llevada al cine.

William Fox compró la pieza teatral y encargó el guión a Barney T. Donohoe. Aún no se había iniciado el rodaje cuando Thalberg, el ya por entonces considerado genio del cine y cerebro de la Metro Goldwin Mayer, adivinó el negocio que sería el filme y contrató al escritor cojo y al ya famoso director King Vidor para que hicieran otro filme con la línea argumental de *El precio de la gloria*.

Debió ser una guerra contra el tiempo entre la MGM y la Fox, y el resultado fue que *The big parade* se estrenó el día 19 de noviembre de 1925 y *El precio de la gloria* el día 24 de noviembre del año siguiente, con doce meses de distancia.

No sólo el autor de la historia era el mismo y el tema era semejante, sino que las dos figuras femeninas aparecían como muchachas francesas sencillas y encantadoras: Melisande (Renée Adoré) y Charmaine (Dolores del Río). Ninguna de las dos, por cierto, era famosa.

Resultaba irremediable que se produjera, en estas circunstancias, la comparación entre los trabajos de las dos actrices y parece ser que Dolores, de alguna forma, fue la vencedora.

Vidor, en sus memorias, narra la frenética búsqueda de un argumento de guerra que llevó al antiguo soldado Stallings y al director a un viaje en tren hasta Nueva York, con la esperanza de que tan largo trayecto les inspirara una buena idea. Pero el escritor cojo se quitaba su pierna artificial y se dormía en la litera superior del vagón, mientras King Vidor se desesperaba.

Por aquellos días, en Hollywood, los chismosos narraban cómo de alguna forma Stallings se estaba copiando a sí mismo y entre otras cosas hacía que, al igual que sucedía en *El precio de la gloria* en *El gran desfile* hiciera aparecer a una francesita para enamorar al soldado gringo.

Hablé de esto con Dolores del Río:

"Lo que inquietaba a la Fox era que el filme de la MGM, que se hizo a toda velocidad, apareciera antes que el nuestro y por ello la historia de Charmaine pudiera parecer una copia del personaje que interpretaba Renée Adoré, cuando era justamente todo lo contrario. Esto hizo que la tensión del rodaje aumentara. Pero curiosamente parecía que el más tranquilo era mi director, que cuidaba cada escena de guerra con un gran cuidado."

Efectivamente, Raoul Walsh sostenía que entre el público que acudiría a ver su película se contarían por centenares los espectadores que participaron como soldados en Francia, e incluso temía que las asociaciones de antiguos combatientes pudieran protestar porque los ofendieran.

Renée había nacido en Francia seis años antes que Dolores, había interpretado media docena de filmes sin importancia; al igual que a la mexicana, la película de guerra le dio una popularidad extraordinaria; ambas serían, durante años, la encarnación de la gracia femenina francesa.

Dolores recordaba al escritor cojo y también la competencia que se había establecido entre los directores; se decía que las escenas de guerra de Raoul Walsh eran mejores, pero a juicio de la crítica King Vidor había manejado mejor las secuencias amorosas.

Este enfrentamiento entre las estrellas, los directores y el tema, no pudo ser dilucidado al estilo de Hollywood, porque el Oscar no se inició sino en 1927, cuando ganó la estatuilla un filme de aviación *(Wings)*.

Dolores guardaba una fotografía de la película, la que había producido un sacudimiento emocional en la audiencia el día del estreno en Nueva York.

Vestida de negro, se la veía arrodillada en un paisaje desolado: un cementerio militar. Algunas de las tumbas están marcadas con palos y sobre ellos alguien ha puesto los cascos de los soldados muertos.

Hacía solamente ocho años que la guerra había terminado.

LA OTRA GUERRA

"AQUELLOS DÍAS EN NUEVA YORK ME ABRIERON A OTRA VIDA."
DOLORES DEL RÍO

DOLORES CON SOMBRERO DE CASCO, TAN DE MODA EN ESOS AÑOS.

Reuniendo en mi libro de notas los apuntes del estreno de *What Price Glory* en Nueva York encontré sentido a una frase de Dolores que ella me había dicho tiempo atrás, durante una de nuestras primeras reuniones en el cuartito color de rosa.

Ella establecía un momento decisivo en esos días, cuando surgía a la fama mundial, conocía a nuevas gentes y su matrimonio, mantenido en un curioso nivel que más tenía de conveniencia social que de relación amorosa, naufragaba. Añadamos que sus amores con Edwin Carewe no podían continuar siendo ignorados por quienes los conocían, sobre todo porque Edwin había pasado de ser un amante discreto a un apasionado y fogoso seguidor de la nueva estrella.

Demasiados acontecimientos para que la mujer de veintidós años que era Dolores no sufriera tales cambios y la hicieran, a su vez, cambiar.

Un ejercicio, por mi parte, de acumular en una hoja de papel tales sucesos me daría el clima emocional que rodeaba a esta mujer joven y tan nueva.

Por lo pronto tuvo que advertir que el cine al que le había obligado Edwin Carewe no sólo era cosa pasada, sino también insustancial. Raoul Walsh fue decisivo en este nuevo punto de vista.

Raoul Walsh, un hombre dinámico y tan fuerte que llegó a escribir su primera novela cuando ya había cumplido ochenta y cuatro años (*La cólera de los justos*), era la otra cara de la vida que le ofrecía el relamido Carewe, convertido en un celoso impertinente.

La película sobre la brutalidad de la guerra recién terminada y las pasiones, incluso brutales, que el amor desataba entre dos soldados cubiertos de barro, enamorados de una muchachita francesa colmada de gracia y de picardía, tal y como el público estadunidense se imagina a la mujer de Francia, tuvo que ser una revelación para Dolores, que no había tenido nunca noticias de tales cosas. No debemos olvidar que sus lecturas anteriores estaban muy lejos de la novela realista que ya se había impuesto.

Para el experimentado Raoul el contacto con Dolores debió ser un privilegio, ya que no estaba ante la típica estrella de Hollywood que conocía bien, sino ante un curioso y atractivo personaje. Raoul había entrado en el cine, como actor, cuando era un niño, y había dirigido su primer filme hacía ya trece años.

Era, por tanto, un hombre con gran experiencia y no fácil de confundir.

Su trabajo con Dolores fue de una altísima eficacia, al punto de hacer surgir en ella a una mujer diferente, coqueta, burlona, de un desparpajo que no se le conocía ni se le suponía.

Algo le hizo pensar a Raoul que bajo la mexicana provinciana se ocultaba otro ser muy diferente. Encontré esta idea en las propias memorias del director *Medio siglo en Hollywood* en la parte en que hace una serie de sugerencias inquietantes. Dice, por ejemplo, que Dolores había jugado en la vida el papel de un *casanova* femenino y deja escapar la idea de que la "bella mexicana había interpretado a su personaje como una verdadera mantis religiosa".

Pero una frase me llamó profundamente la atención: "Ella pasaba de un admirador a otro como Rahab de Jericó."

No está claro si hay una referencia a la personalidad de Dolores o a su interpretación, pero conviene que sepamos quién era Rahab de Jericó. Se trató de un personaje bíblico singular, que tuvo como oficio la prostitución y un día dejó entrar en su casa a dos espías de los que se pudo liberar ya que el propio Dios los denunció.

En el año 1909 la personalidad de esta mujer tentó al compositor Clemente Freiherr von Frankenstein, quien creó una ópera alemana titulada, justamente, *Rahab*.

Tiempo después apareció un libro firmado por Marilyn Lashbrooc, que tenía como protagonista a la prostituta de Jericó.

Sorprende que un hombre como Raoul acudiera a tal personaje cuanto trata de interpretar la forma de comportarse de Dolores en su película. Pero aún añade otra anécdota que da otro perfil de esa mujer que se va mostrando nueva y distinta, tanto en el filme, como en ese Nueva York que no sólo la descubre sino que le permite descubrirse a ella misma.

En una escena del filme, el director le pidió que entregara una flor a su soldado predilecto. Le mostró la forma de hacerlo con picardía y ella aceptó el gesto de coquetería que Walsh le indicaba, pero añadió un movimiento que se inventó. Tomó la flor de largo tallo y con ella azotó la espalda del enamorado que estaba arrodillado a sus pies.

Después de esto no es extraño que Raoul Walsh recordara la experimentada mujer de Jericó.

En esos días de triunfo y gloria, aparece de nuevo en la vida de Dolores el mundano y ya famoso Diego Rivera. Sabemos muy poco de estas entrevistas, pero sí conocemos, por la propia Dolores, que la invitó a fiestas y a conocer gente del mundo del arte. Sabemos, también, que el mundo de Diego estaba libre de prejuicios. Una ocasión más para mostrar, a Lola del Río, un mundo nuevo que se le ofrecía sin demasiadas limitaciones.

ANITA LOOS, INICIO DE UNA AMISTAD

"Y SI TENEMOS QUE DECIR ADIÓS A HOLLYWOOD, LO MEJOR SERÁ HACERLO CON UNO DE AQUELLOS BESOS TIERNOS Y ANTICUADOS DE SIETE SEGUNDOS."

ANITA LOOS, *ADIÓS A HOLLYWOOD CON UN BESO*

El día 15 de abril de 1973, tres mujeres se reunieron en un departamento de Nueva York para celebrar que una escritora famosa cumplía ochenta años. Ellas fueron A. L. Helen Hayes, que viajó de Nyckar; Dolores del Río, que llegó desde el D.F., y la homenajeada, Anita Loos.

La amistad de Anita y Lola se inició el verano de 1926, cuando la Universal Pictures compró una obra de teatro titulada *The whole town's talking* firmada por John Emerson y Loos. Anita, que llegaría a ser famosa por sus escritos y a la que se recuerda sobre todo por *Los caballeros las prefieren rubias*, estaba casada por entonces con Emerson y ambos firmaban conjuntamente sus ideas. La jovencita Loos, pelo cortado como muchachito, con vestidos que parecían recordar a la marinería, vivía gracias a las pequeñas historias que ella vendía muy baratas a los productores.

En 1926 la familia Laemmle estaba impulsando de forma muy dinámica a la productora Universal Pictures, de su propiedad. Había encontrado en un muchacho de un poco más de veinte años a un extraordinario creador de películas, pero lo perdería ante el ofrecimiento de la Metro Goldwing Mayer, que lo contrató por una suma que llegó a ser, en poco tiempo, astronómica.

Tenido por un genio, Irving Thalberg dejó, al pasar a la nueva organización, justamente en 1926, algunos proyectos en la Universal y es posible que uno de ellos fuera el filme para el que fue contratada Dolores.

El crítico Dwight McDonald escribió que el cine que producía Thalberg era para el cine anterior lo que un filete a una hamburguesa. Dirigida por uno de los Laemmle, que habían pasado de ser emigrantes alemanes a creadores de un impresionante negocio fílmico, la mexicana ocuparía un tercer lugar en el reparto, por detrás de Virginia Lee Corbin, actriz habitualmente olvidada por todos los directores de cine.

The whole town's talking se estrenó en México con el título *¡Qué escándalo!* y más tarde fue titulada *La ciudad amurallada*. Con *The whole town's talking* los Laemmle quisieron aprovechar la súbita publicidad que Dolores había recibido previamente al estreno de *What Price Glory* y fue ofrecida a los exhibidores mexicanos que la estrenaron en varios cines el 26 de noviembre de 1926, cuando ya días antes se había estrenado en Nueva York el filme de Raoul Walsh.

El marido de Dolores no estaba de acuerdo con el manejo que Edwin Carewe hacía de su esposa, y lo cierto es que durante 1926 ella había aparecido en filmes insustanciales.

Hasta que apareció Walsh, la carrera de Dolores la situaba en un nivel medio muy poco importante. Abril de 1926, estreno en Nueva York de *High steppers*. Julio, estreno en Nueva York de *Palm First*.

The whole town's talking no había sido estrenada en Nueva York. Fueron sin duda las presiones de Jaime lo que llevó a cambiar la ruta artística de Dolores y a obligar a Edwin a concebir otro tipo de filmes más ambiciosos para la mexicana.

De cualquier forma, las relaciones del trío parecían haber entrado en una crisis, en la que se discutía la carrera profesional de Dolores y la relación de ésta con su director, y no fueron todo lo discretas que la buena fama de Jaime del Río hubiera querido.

Fue a raíz del inicio de rodaje de *What Price Glory* cuando Edwin comenzó los planes para llevar a cabo una película que significara un éxito tan grande para Dolores como parecía iba a ser el filme de Walsh. De esa búsqueda de un argumento que se separa del flojo material hasta el momento usado, surgió la idea de comprar los derechos de una novela trágica: *Resurrección*, de León Tolstoi.

El año 1927 se inicia para la mexicana como una ruptura con la línea anterior y la búsqueda de un cine de mayor envergadura. Significará el estreno de *Resurrección* (17 de mayo) y *Loves of Carmen* (17 de septiembre), y también la separación del matrimonio lo que meses después se convertirá, en Sonora, en un divorcio considerado por todo Hollywood como irremediable (20 de abril de 1928).

La amistades de la mexicana con una joven liberada y en gran parte representativa del nuevo tipo de mujer sajona, tuvo que ser un elemento transformador del carácter de la primera, aún dominada por tradiciones conservadoras y, desde el punto de vista de Anita, anticuadas cuando no ridículas.

Los textos que la escritora vendía regularmente mostraban una actitud ante la vida liberada de multitud de trabas que la sociedad mexicana consideraba fundamentales.

Anita tenía diez años más que Dolores y en 1926 había publicado ya un texto que después se haría legendario y que más tarde se convertiría en una película famosa. El filme era una burla de la muchacha frívola pero capaz de defenderse vigorosamente ante una sociedad dominada por el dinero.

La chica Loos que conoció la mexicana era una personilla habitualmente confundida con un muchachuelo por su aspecto físico, casada con un hombre mucho mayor que ella que había estado viviendo de lo que ella ganaba con sus escritos.

Eran los días en los que la independencia de la mujer parecía natural, mientras que valores tales como la fidelidad estaban ya cuestionados.

Parece ahora muy claro que Dolores conoció en sus viajes a Nueva

York a los amigos de Anita, muchos de ellos escritores de alegre vida.

Aun cuando curiosamente la mexicana no hablaba de este tipo de cosas ni de la relación que tuvo con la californiana, no parece a mi juicio extraño entender que Anita tuvo en los años veinte una influencia profunda en Dolores, que estaba comenzando a contemplar su matrimonio y el desbordado amor de su insistente director con una mirada menos sujeta a trabas morales.

En sus memorias, Anita cuenta cómo abandonó a su marido en Nueva York, quien era mucho mayor que ella, y se fue a Hollywood donde encontró amantes más apropiados.

El ejemplo de Loos estaba demasiado cerca de Dolores para que no fuera tentador.

CARMEN (1927)

"JAIME ME HABÍA LLEVADO A VER CORRIDAS DE TOROS EN ESPAÑA, RAOUL WALSH DECÍA QUE ERA UN EXPERTO EN EL TEMA. NO ERA CIERTO."
DOLORES DEL RÍO

Llega Dolores de forma irremediable a la historia de la sevillana violenta y visceral inventada por un francés. Era, por otra parte, la primera vez que se le encargaba un rol de española, nacionalidad que se le había adjudicado por parte del estudio desde su llegada a Hollywood.

En 1927 *Carmen* ya había recorrido muchos libros, teatros y pantallas de cine atrayendo al drama pasional a miles y miles de lectores o espectadores.

En el año 1845, el francés Prosper Mérimée escribe una novela sobre una historia que había escuchado como auténtica quince años antes, cuando viajó por España: un bandido mata a su amante desesperado por los celos.

En 1872 dos escritores, Henri Meilhac y Ludovic Halévy, entregaban al compositor George Bizet un libreto sobre la novela de Mérimée y al año siguiente el músico comienza a escribir una ópera sobre ese material literario.

La ópera fracasa cundo se estrenó en París en marzo de 1875, pero no mucho después se convirtió en uno de los espectáculos musicales más populares del mundo.

El personaje de Carmen atrajo con tal fuerza la imaginación de los creadores cinematográficos que desplazó totalmente a los otros dos héroes de la historia: don José, un aristócrata navarro que deja el ejército para convertirse en contrabandista por amor a una gitana y Escamillo, el torero.

La primera Carmen del cine fue una española, Victoria Lepanto (1910) y después el propio Raoul Walsh dirigiría en 1915 a la pintoresca Theda Bara en el mismo papel.

El frenético entusiasmo por la gitana andaluza excitó a Cecil B. de Mille (1915), que llamó a Geraldine Farrar; y Charles Chaplin hizo una parodia un año después con Edna Purviance.

Más tarde apareció *Carmen* en Inglaterra (1922), para que al fin Raoul Walsh cayera en la tentación en 1927.

A través de todo este tránsito el personaje fue transformándose, al punto que Mérinée se hubiera asombrado del cambio. El texto había descrito a Carmen como una mujer "vestida con una falda roja muy corta, medias blancas de seda, rotas, y vistosos zapatos colorados atados con lazos rojo fuego. La manti-

FOTOGRAFÍA PUBLICITARIA DE *LOS AMORES DE CARMEN*.

lla echada hacia atrás dejaba ver los hombros, y en el escote un gran ramillete de flores de acacia".

Dolores del Río viste en la película un elegante vestido blanco con el cuerpo de satén blanco también y un enorme escote que deja ver el inicio de los senos. La falda está creada con varias capas de encaje y en el pelo lleva una peineta de carey redonda y muy alta que cubre una mantilla que casi llega al suelo. Sobre la oreja izquierda un manojo de rosas. Las medias son blancas, como los zapatos. Por su parte, Victor McLaglen es un Escamillo demasiado corpulento para su ceñido vestido de torero.

Para entonces Walsh estaba sujeto a un contrato con William Fox por siete años, y este último le pedía que le hiciera un nuevo filme, para aprovechar el enorme éxito económico de *What Price Glory.*

Parecía irremediable que surgiera la idea de volver a reunir a Dolores del Río con Victor McLaglen, pero la mexicana impuso una condición: si en la anterior película era la tercera en el reparto, en *Loves of Carmen* quería ir a la cabeza. Y argumentó con gran sutileza: "Si la película se llamara *Los amores de Escamillo,* yo misma pediría que mi amigo Victor estuviera en primer lugar."

Fox aceptó estas y otras condiciones y Walsh llamó para el tercer papel del reparto (don José) a Don Alvarado, quien en el año 1934 se haría famoso al protagonizar *La cucaracha*, un medio metraje musical a color.

La guionista, Gertrude Orr, había tomado ideas tanto de la novela como de la ópera y Walsh añadió sus propias teorías de cómo ha de ser una española apasionada, basándose en sus múltiples aventuras galantes sobre la frontera mexicana.

La película fue recibida en México con críticas muy duras para Walsh, al que se acusó de haber desvirtuado la historia y de colocar a Dolores en situaciones imposibles de defender artísticamente. Lo cierto es que el propio Walsh no dio importancia a este filme, que consideró como un trabajo obligado por su contrato y al que olvida en sus memorias.

Los amores de Carmen se estrena en Nueva York al comienzo de la temporada de invierno (septiembre) en el cine Roxy.

Rafael Martínez Gandía (*Dolores del Río, la triunfadora*) cuenta una serie de pintorescas anécdotas: "Raoul Walsh contrató a cuatro señores, a los que él suponía debidamente documentados y capacitados, para que le aconsejaran en cuestiones de ambiente. De los cuatro consejeros, tres eran españoles y uno estadunidense. De los españoles, uno era escultor y fue escogido gracias a una poderosa recomendación del duque de Alba. Otro era uno que se decía torero y el tercero, un torero de verdad. El estadunidense era el que tenía más atribuciones y el que cobraba más salario. Había vivido algún tiempo en Madrid como empleado de la embajada de su país, y gracias a esa feliz circunstancia pudo estudiar profundamente el ambiente de Sevilla que, como se sabe, sólo dista de la capital de España varios centenares de kilómetros."

El libro recoge también el asombro de Baltasar Fernández Cué, quien visitó los estudios y vio a banderilleros subidos a caballo y sacerdotes con trajes tan exóticos como imposibles.

Señala también Martínez Gandía que Dolores echa las cartas con una baraja francesa.

Este mismo escritor, que elogia la bella presencia de Dolores, señala que la interpretación era "descocada", hasta tal punto que "rayaba muchas veces en una lujuria demoníaca".

Pero lo que importaba de la historia para Dolores es que aparecía en un filme de alto presupuesto, en el primer lugar del reparto, dirigida por un hombre prestigioso y estrenada en un cine de la más alta categoría.

A los ojos de los hombres de negocios de Nueva York que estaban invirtiendo en los filmes de Hollywood, todas estas condiciones significaban, también, un lugar elevado en un mercado que ellos valoraban película tras película. Dolores se había convertido, des-

EN *LOS AMORES DE CARMEN*, VICTOR MCLAGLEN INTERPRETA AL TORERO MÁS ROBUSTO DE LA HISTORIA TAURINA. CON SUÉTER BLANCO, RAOUL WALSH.

pués de dos éxitos de taquilla, en un elemento en el que se podía invertir con cierta seguridad.

El difícil entendimiento entre Nueva York y Hollywood, en el que el primero significaba un concepto conservador y el segundo un mundo más abierto a la aventura, obligaba a los hombres del cine a mostrar a los hombres de dinero ciertas garantías que en la mayor parte de las veces significaban repartos llamativos.

Dolores se había situado, con sólo dos filmes, como un producto rentable, y su aparición en un primer lugar de los créditos, seguida de un actor de renombre como Victor McLaglen era un paso decisivo. Otro argumento que enorgullecía a Dolores era el hecho de que la Fox no sólo había aprobado la elección de Raoul Walsh, sino que no se opuso a que ella pareciera como cabeza de reparto.

Dolores, Jaime y Edwin sintieron que la joven mexicana, en su sexta aparición en las pantallas, había conseguido ese lugar tan ansiado como difícil: la llamada categoría estelar.

Este convencimiento acaso hubiera servido para paliar los muy severos conflictos que vivía el triunvirato, pero algo más enturbió las relaciones matrimoniales: en las dos últimas películas apareció una Dolores que mostraba un erotismo exacerbado y capaz de despertar la mirada siempre inquieta de censores y damas de sociedad.

Esta nueva Dolores parecía capaz de elevar la temperatura de un cine en más grados, incluso, que las estrellas tenidas por vampiresas y especializadas en mostrar sus encantos.

Dolores parecía haber descubierto una forma sensual y aun lujuriosa de moverse que había mantenido oculta y sometida a una severa disciplina.

La nueva imagen de Dolores produjo en México un verdadero escándalo y, como iremos viendo, la antigua discípula de las monjas y admirada dama de sociedad pasó a convertirse en tema de maledicencias.

Una crónica publicada en *El Universal Ilustrado* en el mes de marzo de 1928 da clara noticia de este clima de reproches y agresiones que se fue formando a raíz del estreno de *Carmen*.

Firma el escrito Cube Bonifant, seudónimo de Luz de Alba, una mujer que llegó a ser muy influyente en el mundo cinematográfico nacional. Hay en la crítica de Cube un indudable eco de la repulsa unánime que la llamada buena sociedad mexicana estaba mostrando ante una de las suyas, convertida no ya en artista de cine, sino en piedra de escándalo.

"Por lo visto, Dolores del Río sigue empeñándose en ser actriz muda. Creímos que después de verse en la pantalla tendría, por primera vez, una idea inteligente; la de retirarse a un *music hall*. ¿No tiene tan buena voz? Pero he aquí que llega de nuevo para mostrarnos, por centésima vez, lo único que tiene: las extremidades inferiores. ¡Dios mío! ¿Para qué las enseñará tanto, si se las conocemos hasta de memoria, como el señor Carewe, Raoul Walsh y demás que la han dirigido? No parece sino que la aristócrata futura del señor Carewe tiene el temperamento en los pies, lo que, por lo demás, justifica su fama."

Dice más adelante que Dolores en la película *Carmen* es una mujer desprovista de personalidad y vestida de gitana.

Se queja Cube, también, de que en todas las riñas del filme las "mujeres no hacen sino mover la trastienda" y termina así:

"*Los amores de Carmen* es una cinta repugnante, no obstante las escenas que, según sabemos, tuvieron que suprimirse. ¿Cómo estarían? Y no es repugnante exclusivamente por el trabajo de la Del Río, sino porque después de dirigirla Walsh se haya quedado tan fresco como un ostión."

La nota nos advierte, también, que en marzo, un mes antes de divorciarse, ya se afirmaba en México que Dolores se casaría con su director, Edwin Carewe. Para una sociedad mojigata y dada a la tarea de parecer ejemplar, tanto desenfado era inadmisible.

Es fácil entender que esta actitud más libre y sugerente de Dolores partió de las enseñanzas de Walsh, quien necesitaba un elemento femenino que pusiera en la historia un clima erótico.

Cuando Dolores se vio en la pantalla y advirtió la reacción del público, se descubrió a sí misma o, por mejor decir, fue a descubrir lo que podía significar en el cine estadunidense.

Tanto Carewe como Jaime del Río parecen haberse sorprendido ante la nueva Dolores, tan desprejuiciada como tentadora.

En el curioso triángulo intervenía ahora un elemento con el que las dos figuras masculinas no parecían contar. Dolores, de pronto, estaba por encima de las mismas vampiresas; comparadas con la mexicana, eran de un erotismo menos eficaz.

EL CONDE ILIA TOLSTOI (1927)

"POR HOLLYWOOD PASABA EL MUNDO ENTERO. HOLLYWOOD ERA EL MUNDO."

POLA NEGRI

Hasta California, por los años veinte, llegaban los más sorprendentes personajes, desde falsos magnates europeos hasta aun más falsos príncipes, y junto a ellos genios de la literatura o científicos asombrados frente al mundo del cine.

Una mezcla de auténticos valores junto con escandalosas falsificaciones que nadie se preocupaba por denunciar. Las estrellas terminaban creyendo las biografías que los estudios les inventaban, y los galanes que años antes trabajaban vendiendo hamburguesas se hacían bordar escudos ducales en

1927. DOLORES, DE LA MANO DE TOLSTOI, ENTRABA EN EL DRAMA.

las camisas de seda.

Las figuras del cine se disputaban el honor de invitar a sus mansiones de veinte dormitorios a los recién llegados; Pola Negri se casa con un príncipe arruinado y Charles Chaplin ofrece fiestas deslumbrantes para presentar a las mujeres europeas más famosas: Sarah Bernhardt o Eleonora Duse.

En ese mundo variopinto y despilfarrador aparece la figura singular del conde Ilia Tolstoi, descendiente del famoso novelista ruso. Hombre entrado en años, usaba barba blanca y se vestía tal y como su padre, con grandes batones largos. Hacía solamente diecisiete años que León había muerto, un domingo del mes de noviembre, rodeado de una multitud que lloraba ante el final de un hombre asombroso. La fama de Tolstoi había llegado a Hollywood sobre todo a través del cine; en 1909 ya los franceses habían hecho una película sobre su última novela, *Resurrección*, y en Estados Unidos se habían producido ya tres versiones sobre el mismo argumento.

Eran por lo tanto Tolstoi y *Resurrección* temas conocidos por los no siempre ilustrados miembros de la colonia cinematográfica: así se entiende el respeto que al hijo del escritor ruso se le dispensó y el clima de reverencia que acompañaba al barbudo visitante, cuyo padre había recibido en Rusia el obsequio de un gramófono enviado por el propio Edison, lo que dice de la inmensa fama del gran escritor en Estados Unidos.

Llegaba Ilia invitado por una joven compañía productora de muy sugerente nombre: Inspiration Pictures, de la que era socio Edwin Carewe.

Inspiration era también el nombre de unos estudios situados en la avenida Melrose número 5300 y que habían tenido otros, como Tech Art, Prudential y Colosal. En este lugar se levantaron las escenografías para *Resurrección*. Junto con el escritor Finis Fox y el propio Ilia, Carewe había estado trabajando sobre una nueva adaptación de la novela que daría a Dolores del Río la posibilidad de mostrar su temperamento dramático.

La distribuidora de *Resurrección*, la United Artists, se apresuró a montar una campaña publicitaria sobre la figura de la estrella mexicana y el ruso, y las fotografías de ambos, con la novela en las manos, recorrieron el mundo.

Un detalle más fue concebido para dar mayor impacto al filme; el propio conde Tolstoi haría un papel en la película: el de un viejo filósofo.

León Tolstoi tuvo cinco hijos que llegaron a la madurez, todos con una gran semejanza entre sí, calvos prematuros y de rostro enérgico: Serguei, Lev (León), Andrei, Mijail e Ilia.

Cuando éste llega a Hollywood tiene ya unos sesenta años de edad; la familia del escritor se ha desperdigado. En Rusia quedan tres hermanos y su hija Alejandra, después de vivir un tiempo en Japón, llega a Estados Unidos y crea la Fundación Tolstoi.

Ilia había escrito sus memorias y hablaba de su padre con una muy emocionada admiración que conmovía a Dolores, pero, por otra parte, su meditado parecido con León despertaba una razonable desconfianza.

Era necesario oponer a la figura de Katusha Maslova (Dolores) un príncipe Dimitri Nekhuludorf convincente, y Carewe contrató al actor Rod La Rocque, un veterano que ya hacía papeles importantes en el año 1914 y no había dejado de trabajar.

Era Rod un hombre alto, de pelo negro y ondulado, de apariencia varonil, y Dolores hubo de aceptar que ocupara el primer lugar en el reparto, aun cuando pensara que la verdadera protagonista de la historia era ella.

Aconsejada por el conde Ilia, la estrella mexicana comenzó a convertirse en rusa, gracias, sobre todo, a un vestuario sumamente convincente, que cuidó Wallace Fox, el ayudante de Carewe que terminaría dirigiendo numerosos filmes seriados y también películas del Oeste. Fox trabajó en la planeación de la película y junto con Dolores intervino también en la escenografía, mientras Ilia Tolstoi cuidaba de que no aparecieran detalles que traicionaran el clima ruso. El problema de atender el ambiente no lo tuvo, por cierto, el cine mexicano cuando en 1943 adaptó la historia de Tolstoi a los tiempos del dictador Huerta, para que el crítico Xavier Villaurrutia señalara, curiosamente, que la casa en la que se desarrollaba la acción "era poco mexicana".

El equipo reunido por Carewe fue muy bueno; estaba ansioso de poder ofrecer a su amada un filme que opacara el gran éxito de *What Price Glory,* que había dado a Dolores un prestigio hasta el momento no conseguido. Contrató a un especialista en efectos especiales para ciertas escenas de invierno y llamó a un supuesto general ruso exiliado en Nueva York para que vigilara que los uniformes zaristas se ajustaran a la época. Según declaró a la prensa, ésta iba a ser una película en la que "la nieve sería nieve".

La atención que prestó Carewe a este filme estaba muy por encima de los esfuerzos dedicados a sus anteriores películas con Dolores y parecía, también, significar una obsesión hacia el drama tolstoiano, que le llevaría en 1931 a crear otra versión sonora, cuando su relación con Dolores se había roto. Acaso algo nos quiera decir el hecho de que llamó para el papel principal a otra mexicana que competía con su antiguo amor: Lupe Vélez.

Aparte de la asesoría del conde Tolstoi, parece que Edwin consiguió ver una película rusa sobre el mismo tema que había adquirido D. W. Griffith y de la que se afirmaba en Hollywood que el gran cine incluso había usado pequeños fragmentos de ella para incluirlos en sus propias cintas. Otro material acaso pudiera entonces estar ya en Hollywood: un documental de largo metraje hecho en Moscú sobre León Tolstoi que aprovechaba escenas de noticieros. En cuanto a las versiones estadunidenses de *Resurrección*, algunas aún estaban siendo exhibidas en los cines de pueblo.

La minuciosidad que desplegó Carewe en este trabajo no resultaba totalmente insólita en Hollywood, donde se daban, junto a exhibiciones de una total ignorancia sobre el tema tratado, un puntilloso ejercicio de documentación que muchas veces no terminaba por ser advertido claramente en la pantalla.

F. Scott Fitzgerald nos da, en su novela *The last tycoon*, un ejemplo de esos contradictorios comportamientos en la creación de un filme, cuando hace que el gran productor, eje de su obra, afirme que contrató a todo un ejército de historiadores y escritores para que durante todo un año crearan una historia desarrollada en Rusia que no iba a ser "ni importante ni insignificante".

El presupuesto fue muy alto y el rodaje cuidadoso, hasta el punto de que Carewe usó a dos fotógrafos, uno de ellos atento a los primeros planos de Dolores.

Iniciada a finales de 1926, estaba totalmente terminada a comienzos del año siguiente y se estrenó en Nueva York el día 17 de mayo de 1927, en el Mark Strand.

El esfuerzo que estaba llevando a cabo Edwin Carewe al enfrentarse a una producción muy cara adquiere más importancia cuando se advierte que la época de los grandes estudios, que se consolidó en los años treinta, ya se estaba gestando, al punto de que las compañías pequeñas habían comenzado a desaparecer, mientras que los grandes monstruos de la producción en serie se afianzaban cada día más, estableciéndose lo que se llamó un duelo en las alturas entre la MGM y la Paramount.

Resurrección apareció bajo los créditos de "una película de Inspiration Pictures-Edwin Carewe Productions, distribuida por United Artists". Esta última era una compañía fundada por Chaplin, Mary Pickford y Douglas Fairbanks, que no sólo creaba sus propios filmes sino que los distribuía a través de salas en todo el país, con lo que se enfrentaban a las ya muy poderosas cadenas mantenidas con material de los estudios gigantes, quienes obligaban a comprar en paquete la producción de todo un año, lo que significaba exhibir películas importantes junto a otras de muy baja calidad.

Dolores del Río tuvo que haberse impresionado ante el esfuerzo artístico y económico de Edwin, que entrañaba una gran fe en su futuro de estrella de cine.

El estreno en México de *Resurrección* estuvo rodeado de expectación, y el Salón Rojo hizo publicar en los periódicos fragmentos de las críticas que el filme había provocado en Estados Unidos.

Langdon W. Post, en *The Evening World:* "La estrella mexicana descubierta por el astuto Edwin Carewe nos demuestra que es una artista soberbia." Regina Cannon, del *New York American*: "Lo que más nos complació fue el trabajo de Dolores del Río, quien con esta cinta nos demuestra que se ha colocado donde las mejores artistas del arte mudo quisieran estar. " John S. Cohen Jr., en el *New York Sun*: "La película tiene momentos asombrosos, pero sobre todo destaca el arte de Dolores del Río que nos cautiva y subyuga. "

El Salón Rojo, ofrecía mostrar estas y otras críticas a los espectadores interesados y para ello puso copias de las mismas en las taquillas del cine.

El entusiasmo de la crítica nacional fue aún mayor. En el diario *Excélsior*, Enrique del Llano afirmaba que su admiración hacia la película de Carewe no estaba teñida por un afán particular de hacer publicidad al Salón Rojo, sino que "estas líneas justicieras están dictadas por la sinceridad de un cronista que muy raras veces acude a los salones cinematográficos y no tienen otro fin que el de loar y ensalzar la magistral labor de Dolores del Río, artista mexicana que ha logrado imponerse contra todas las bajas pasiones y todas las intrigas y todos los obstáculos que se ponen a los que ansían llegar a la gloria y arrancar de su firmamento una estrella para orgullo de nuestra nacionalidad".

El argumento de *Resurrección* produjo también numerosos artículos de tono moralista, en los que se destacó la figura de Katusha engañada y luego perseguida por una falsa justicia.

En este sentido, el artículo más largo y moralizador acaso haya sido el que publicó en *El Universal* el licenciado Antonio Ramos Pedrueza, quien llama a Tolstoi "apóstol de las muchedumbres rusas", y de Dolores afirma que con "su humilde traje de las mujeres rusas es la expresión universal y humana de la mujer burlada de cualquier raza, de cualquier arte, de cualquier época".

Recuerda que "hace más de medio siglo que nuestro código penal pretendió castigar el delito de seducción, pero fue tan mezquino su criterio, tan separado de la realidad de la vida, tan restringido y tan vil, que la ley se convirtió no en el amparo de la joven deshonrada, sino en el padrón de la ignominia de la pobre familia que bajo el peso de esa inmensa desgracia, ha tenido la candidez de acudir al tribunal pensando que tras la severa figura del juez iba a encontrar la justicia, cuando sólo encontró una burla y la más infame de todas, la burla al dolor de unos padres, apoyado por la mezquindad legal al ladrón de honras".

De pronto Dolores del Río, acusada anteriormente de salpicar sus intervenciones cinematográficas de una muy discutible sensualidad, se vio convertida en la figura ideal de la mujer burlada, que ya en 1918 había despertado en el alma nacional semejante fervor conmiserativo, cuando se estrenó el filme *Santa*, sobre la novela de Federico Gamboa.

De alguna forma *Resurrección* vino a instalar a Dolores en un nivel de gran actriz que hasta el momento no había conseguido, pero al mismo tiempo la película hizo estallar la crisis matrimonial que se había venido gestando.

Algunos alicientes se añadieron a la película en México, donde se encargó una partitura especial para acompañar la proyección. Fue realizada por el compositor Alejandro Meza, de quien se dijo "había conseguido una música digna de una obra lírica".

En una gacetilla enviada por la empresa exhibidora se decía también que la marcha sombría de los presidiarios, la frivolidad de los militares, los dúos de amor, las plegarias, el acordeón, los ruidos, todo está realizado con mucha exactitud e inspiración.

Según los comentaristas mexicanos, el propio galán del filme había confesado que Dolores lo había opacado y la revista *Photoplay* afirmaba que "el mayor hallazgo del año era la aparición de la señorita del Río en el cine de Hollywood".

Pedrueza parece asumir este entusiasmo en un comentario halagador: "Lolita del Río aparece en la película como la doliente protagonista del romance ruso. Y a fe que los que no creían en su éxito, confiesan ahora que hay un alma de artista en la joven mexicana de ojos dulces, tristes y profundos que reproducen bellamente las amarguras de la pobre muchacha lanzada en medio del arroyo por la brutalidad elegante de un joven príncipe."

EL TEMPERAMENTO

"LOS TÍMIDOS, CUANDO SE NOS ACOSA, NOS HACEMOS TEMPERAMENTALES."
DOLORES DEL RÍO

Que Dolores no siempre fuera esa suave dama que intenta aparentar en su edad madura, nos lo muestran algunas historias de su juventud, cuando peleó con brío frente a cuantos se iban interponiendo en su carrera o en su vida.

Una anécdota de cuando tenía veintitrés años y rodaba a las órdenes de Edwin el filme *Resurrección* nos la muestra como una mujer de carácter. La historia nos llega, de forma confusa, a través de una primera crónica firmada el 13 de septiembre de 1927 por Rafael Ibarra, pero el incidente se produjo bastante antes de ese día.

El equipo de trabajo de Edwin se había trasladado al estado de Utah, donde pretendían filmar unas escenas, pero el lugar estaba ocupado por el director Albert Rogell, que rodaba la película *The phantom city* con

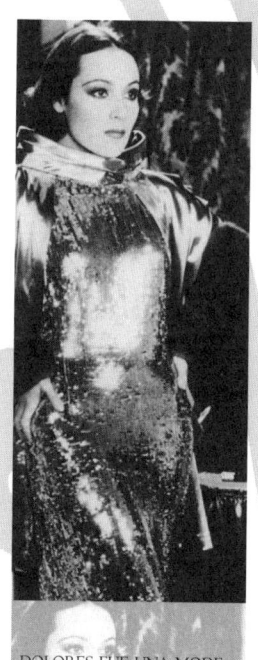

DOLORES FUE UNA MODELO LLENA DE DIGNIDAD Y FUERZA DRAMÁTICA.

"DURANTE AÑOS EL BLANCO FUE MI COLOR PREFERIDO."
LOS HOMBROS SIEMPRE DESNUDOS.

Ken Maynard, por entonces un famoso intérprete de películas del oeste.

Según las agencias de noticias, los dos grupos se enfrentaron de forma tan violenta que Rogell llamó al *sheriff* de Cedar City y éste amenazó con llevarse detenido no sólo a Edwin sino también a Dolores del Río que parecía ser la principal instigadora del conflicto.

El problema debió ser áspero, ya que los obreros de uno y otro grupo sacaron armas y parecía irremediable que llegaran a usarlas.

Cuando Edwin levantó el campo en busca de otro lugar adecuado, el sheriff dio por terminado el incidente.

Días después, una de las actrices del equipo de Rogell, la muy joven Molly O. Day, organizó una comida de fraternidad entre los dos equipos fílmicos, pero se negó a invitar a Dolores, por entender que había sido la causa del problema.

Esta Lolita convertida poco menos que en guerrillera al frente de hombres armados, choca con la imagen de la estudiante del colegio de monjas que tenía sólo unos pocos años antes.

La anécdota nos informa, de nuevo, del temperamento de la

mexicana, que a pesar de su juventud parecía capaz de gestos y actitudes de una energía fuera de lo común y muy contraria a la mansedumbre que se le podía suponer por quienes no la conocían en sus momentos terribles.

Yo supe de esta historia y quise que apareciera en la película que estábamos preparando, pero Dolores se negó con una burlona insistencia. El diálogo que sostuvimos alrededor de este asunto lo conservé en mi libreta de apuntes.

—No creo que sea oportuno recordar un incidente insignificante.

—Sin embargo esto daría una imagen de usted que el público no conoce. Nadie sabe que usted es una mujer decidida.

—Todas las mujeres somos decididas si nos obligan a serlo.

—En este caso parece que usted estaba dispuesta, poco menos, que a ser la líder de todo un movimiento armado.

—Por Dios, eso es una exageración. Ni lideresa ni nada, sólo que yo no me podía dejar pisotear.

—Usted nunca se ha dejado pisotear.

—Eso es cierto.

—¿Alguna vez lo intentaron?

—Sí, alguna vez.

—¿Y cómo les fue?

—Habría que preguntarles a ellas.

—Se refiere usted a mujeres.

—No, usted está refiriéndose a mujeres ¿o no?

—Creo que los dos pensamos lo mismo.

—Yo sólo sé lo que yo pienso.

—¿Qué piensa?

La anotación termina aquí y yo creo recordar que Dolores se envolvió en esa sonrisa candorosa que manejaba con tanta maestría.

EL DIVORCIO (1928)

"MI ERROR NO HA SIDO EL DIVORCIO, SINO LA BODA."
DOLORES DEL RÍO

El matrimonio de Jaime y Dolores era ya una ruina durante todo el año 1927; el asedio de Edwin Carewe se había vuelto tan insistente y visible que el marido no podía fingir ignorancia. Los rumores habían llegado a México, donde las familias intentaban, en vano, desmentirlos.

Algún tiempo después ella daría su versión al periodista argentino Chas de Cruz, quien la incluyó en su libro *Hollywood al desnudo*: "Cuando llegué al cine era una chica modesta y llena de esperanzas. Luché mucho antes de triunfar, pero conseguí abrirme paso. Y cuando mis aspiraciones se materializaron en realidad, caí bajo la zarpa de la calumnia. El amor de un hombre con quien jamás tuve nada que ver me amargó la vida para siempre. Por ese amor, al que mi voluntad era completamente ajena, tuve que divorciarme de mi primer esposo, Jaime del Río. Nos amábamos mucho, pero los injustificados celos de Jaime, obra de la calumnia y de la maledicencia, fueron, poco a poco, destruyendo la armonía conyugal. El pobre murió lejos de mí, y según dicen, a consecuencia de nuestra separación. Él tuvo la culpa de todo, es verdad, pero era bueno, buenísimo."

El propio Chas de Cruz añade información por su cuenta: "Ed Carewe, el director de *Resurrección*, se enamoró de ella como un demente. La persiguió sin cesar, rogándole que se divorciara de Del Río para casarse con él. Y pese a que ella opuso el amor hacia su esposo y la fuerza de su honestidad, la murmuración se enseñoreó de su vida y puso una barrera infranqueable entre la pareja, causando el rompimiento definitivo al que siguió la muerte de Del Río."

Frente a quienes culpaban a Dolores del fracaso matrimonial, se levantaron entusiastas defensores. Uno de ellos, Guillermo Jiménez, publica en el diario *El Universal* del 3 de junio, cuando sólo hacía dos meses que se conocía la noticia del divorcio, un artículo sorprendente en el que afirma que "el divorcio de Lolita del Río es un asunto sin importancia. Es lo más natural del mundo. La guirnalda nupcial se había deshojado en Hollywood".

Guillermo Jiménez, de quien el citado diario afirma que es "uno de los más notables prosistas de México", y quien llegaría a ser director general de Cinematografía durante el sexenio de Miguel Alemán, dejándose llevar por una exaltada poesía afirma que "Edwin Carewe, al verla dibujar un vuelo de danza como una moderna Tetraron, le dijo al oído: 'Serás reina, viajarás con el esplendor de una Belkis. Tendrás cien esclavas rubias, vivirás en palacios de cristal, nunca soñados, y serás dueña de yates rutilantes sobre mares de esmeralda; pero baila para mí. Sólo para mí'".

El día 20 de abril en Nogales, Sonora, fue concedido el divorcio y la noticia se publicó en México el día 9 se junio, a seis columnas, enviada la nota por la agencia Associated Press.

"El juzgado de dicha ciudad mexicana, dictó un auto concediendo a la popular artista Dolores del Río el derecho pleno para divorciarse de su esposo Jaime Martínez del Río, por incompatibilidad de caracteres. Se habían casado en el año 1921. La separación se inició hace cuatro meses, cuando don Jaime salió de Hollywood para Nueva York a seguir su carrera de escritor. Se conocía a don Jaime como 'el marido de Dolores del Río'. La estrella aseguró que no se casará con su director, Edwin Carewe, quien recientemente presentó una demanda de divorcio contra su mujer Mary Akin." En la decisión del juez consta que "ambos quedan libres para contraer nuevas nupcias".

Sin embargo, el apoderado de Dolores, Adolfo Ibarra Selder, hizo declaraciones en las que negaba que ella pensara en un nuevo matrimonio, y un columnista de Hollywood da la razón a la mexicana basándose en los precios de las ceremonias nupciales:

"Una boda en Hollywood cuesta dieciocho mil dólares; la luna de miel en Hawai, doce mil y una mansión modesta en Beverly Hills unos cuarenta y cinco mil dólares. Casarse es la ruina." Otros problemas estaban inquietando también, en este año de 1928, a Dolores del Río. La revista *Photoplay* insiste en criticar a la estrella por sus "discretas desnudeces", que, dice, multiplica en cada película. Y afirma que la mexicana es ya una profesional del "desnudo artístico" y que "no debería olvidar tan a menudo sus vestidos".

Un comentarista mexicano de cine, Silvestre Bonnard, recoge estas y otras opiniones y lleva a cabo una campaña en la que los ataques contra Lolita se multiplican. Sostiene que ha creado un nuevo tipo de mujer en el cine, "la virgen desvestida" y que siempre será una "vulgar comediante" mientras no aprenda a vivir otras vidas. Lolita podría haber respondido que viviendo la vida propia ya tenía suficiente.

El día 24 de abril los diarios anuncian que se descubrió un complot para secuestrar a la estrella mexicana, pero no se llega a saber si el

secuestrador era el propio marido, del que se había divorciado hacía sólo cuatro días, o el enamorado director de cine.

Las noticias acumuladas en el mes de agosto vienen a decirnos que, efectivamente, la vida de la estrella no era sencilla.

El día 7 llega a la estación Gran Central de Nueva York, donde la reciben jubilosas más de mil personas. Al día siguiente, en el hotel Ritz Carlton, ofrece una conferencia de prensa en la que vaticina que el cine parlante es un hecho. Ocupa en el hotel un departamento de siete habitaciones que suele ser el que rentan Mary Pickford y Douglas Fairbanks, sus amigos.

Los periodistas advierten que ya habla un inglés carente de acento. Su equipaje consta de dieciséis baúles y dieciocho maletas. La acompañan siete criados y un secretario.

Come el día 9 con los ejecutivos de United Artists que son quienes patrocinan su inmediato viaje a Europa.

Cuando un reportero de habla española le pregunta la razón por la que no ha ido a México desde hace tiempo, Dolores responde: "No voy a México por causa del asesinato del general Obregón, que fue muy amigo mío. Tres veces me fue a visitar a Hollywood." (Don Álvaro Obregón fue muerto a tiros en julio de 1928.)

Y aprovecha para afirmar que ella jamás ha conspirado contra el general Calles y que es amiga de la reina de España.

Hay suficientes datos en la prensa mexicana y la de Estados Unidos, que siguieron a Dolores en los meses previos a su divorcio como para asegurar que su comportamiento

JUNIO DE 1936. DOLORES Y SU MADRE SALEN PARA INGLATERRA EN DONDE LA HIJA RODARÁ UNA PELÍCULA.

no fue todo lo discreto como hubieran deseado quienes defendieron su condición de desconsolada esposa. Antes de la salida para Europa, la presencia constante de Edwin a su lado levantaba, en el mejor de los casos, una cierta sonrisa y ello a pesar de que la madre de Dolores se mostraba como acompañante y custodia de la buena fama de su hija. Un ejemplo sería la llegada en un yate al puerto de Mazatlán el viernes 23 de marzo de 1927, cuando sólo faltaba menos de un mes para que se resolviera su divorcio. En el barco viajaban con Dolores su mamá, un abogado, Carewe y toda una comitiva de sirvientes.

El viaje hubiera pasado desapercibido, pero ocurrió un fastidioso incidente, ya que las autoridades aduanales no querían que se bajara del yate el voluminoso equipaje para subirlo al tren que los llevaría a Los Ángeles donde se estrenaría *Ramona*.

Al fin la estrella fue apoyada por dos generales que iban a viajar en el mismo tren y consiguió la autorización aduanal. En Mazatlán Edwin Carewe añadió un dato no conocido a la historia del descubrimiento de la mexicana; dijo que la había visto por vez primera en una fiesta de sociedad en el D.F. y que desde ese momento supo que llegaría a ser una figura en el cine.

Cuando faltaban solamente doce días para que Dolores anunciara su divorcio, inauguró lo que la prensa llamó "fastuosa residencia" con un gran número de invitados, entre los que se encontraban muchas estrellas de cine.

La colonia mexicana de Hollywood se extrañó de que la casa citada en los periódicos y que se suponía había sido cuidadosamente planeada por el matrimonio, se estrenara sin que Jaime estuviera en Los Ángeles.

Un grupo de servidores, vestidos con trajes típicos mexicanos, ofrecieron enchiladas, tamales, chalupitas y atole de leche, mientras un mariachi tocaba en el jardín. Según las notas aparecidas en los diarios locales, Dolores estaba resplandeciente. Cerró la casa poco tiempo después para que su propietaria, el día 18 de agosto, se embarcase en Nueva York con destino a Europa; la acompañan su madre y Edwin Carewe.

Era la tercera ocasión en que atravesaba el Atlántico; la primera lo hizo casi niña con sus padres; la segunda en viaje de luna de miel y ahora junto a Edwin Carewe. En las dos primeras ocasiones había estado en Madrid, ahora prefirieron no pasar por España.

Todos estos acontecimientos crearon alrededor de Dolores una publicidad excepcional.

En medio de chismes maliciosos y decla-

1926. CANDIDATAS AL TÍTULO DE "WAMPS". DOLORES SE DISTINGUE POR SU PEINADO A LA ESPAÑOLA.

raciones contradictorias, los hechos que parecen evidentes son estos:

1) Hacia las navidades de 1926 Jaime Martínez del Río abandona Hollywood y se traslada a Nueva York. Poco antes se había estrenado en Los Ángeles una obra de teatro firmada por George Scarborough que se anunciaba como inspirada en un argumento de Lois Leeson y Jaime del Río. No mucho antes, las agencias de noticias afirmaron que "el marido de Dolores del Río se había instalado en Nueva York para escribir una novela".

2) Los abogados de Dolores presentan una demanda en Sonora por abandono de hogar.

3) Jaime se entera de tal noticia por los diarios.

4) Se concede el divorcio. Ese día, ante el juez, estará Dolores acompañada de su abogado, su representante y su madre. Jaime prepara en Nueva York su salida hacia Europa.

Cuando el escritor español Edgard Neville, que se encontraba en Hollywood, pide a Dolores una declaración sobre el divorcio, el representante de la estrella le envía un documento de dos páginas en el que, entre otras cosas, se dice:

"En principio la señora Del Río deseaba realmente olvidar todo lo concerniente a esta situación. Comprenderá usted, estoy seguro, que esto es demasiado íntimo y Dolores no desea dar al más personal de sus asuntos esa publicidad que está recibiendo y menos avivar la llama haciendo declaraciones. Sin embargo, si cree usted que algunas palabras suyas podrían destruir cualquier impresión desagradable que pudiera existir en España, considera un deber aclarar cualquier malentendido que pudiera subsistir acerca de este asunto." Y expone una serie de razones, entre otras el convencimiento de que "si Dolores y Jaime hubieran seguido en México, lejos del mundo del cine, este divorcio no habría llegado jamás". Dice también que la "única y gran ambición de Dolores es triunfar en la cinematografía. Hizo su elección y está decidida a llevarla a feliz término".

Esta decisión hizo que la pareja se encontrara un día totalmente separada; una dedicada únicamente a su profesión de actriz, el otro "inclinado hacia la literatura".

Cuando Jaime se va a Nueva York, ambos pensaban, según este documento, que la separación sería pasajera, pero pronto comprendieron que era necesario el divorcio.

UNA ESCENA QUE SE MULTIPLICABA. LA RECEPCIÓN A LA ESTRELLA AL FINAL DE SUS VIAJES EN TREN.

La declaración afirmaba que "ningún otro hombre hay en la vida de Dolores, como tampoco hay una mujer en la vida de Jaime".

El año 1928 se había iniciado felizmente para Dolores; en el mes de febrero los periódicos mexicanos dieron noticia de que había ganado un concurso para elegir a la más prometedora de las jóvenes estrellas. El sistema de votos permitió que desde México se enviaran apoyos a Dolores, quien vence en el concurso anual con 200 mil votos a su favor.

El concurso llamado Wampas se celebraba anualmente para elegir a la joven estrella de cine con más posibilidades de llegar a ser una figura de primera línea. Se trataba de promover a los nuevos rostros femeninos. El acto final se ofrecía en el cine de Grauman, en Los Ángeles.

En 1926 Dolores había estado en la final entre un grupo en el que se encontraban chicas que llegarían a ser famosas: Dolores Costello, Joan Crawford, Janet Gaynor, Fay Wray, Mary Astor.

Una fotografía de ese año es reveladora de lo que el cine esperaba de Dolores en esos días; mientras todas las aspirantes se peinan con una melena corta, rizada, la mexicana lo hace con el pelo liso, muy negro, apretado a la cabeza y lo adorna con una flor. Entre las trece aspirantes, Dolores del Río es un ser singular esa tarde. Una figura insólita.

LA VIRGEN DEL AMAZONAS

"EL GRAN MOTOR DEL CINE NO ES EL ARTE, SINO EL SEXO."
MAE WEST

En el mes de junio de 1928 se exhiben en el cine Capitol del D.F. tres filmes en una sola sesión: *Juventud de príncipe*, con Ramón Novarro; *Taxi a bordo*, con Lupe Vélez y *La virgen del Amazonas*, con Dolores del Río. Además, añaden un cortometraje sobre los funerales del arzobispo Mora y del Río.

El cine Capitol no sólo estaba lanzando la casa por la ventana, sino ofreciendo un homenaje al estrellato cinematográfico mexicano y también proponiendo a la audiencia que comparara la actuación de los tres intérpretes.

De alguna forma, y como era irremediable, se había establecido una competencia a nivel popular entre las dos mexicanas ya instaladas en el éxito hollywoodense; mientras Dolores parecía manejar un erotismo muy atrevido para la época pero aún cuidadosamente dosificado, Lupe Vélez era una mujer desequilibrada y agresiva. Las anécdotas sobre Lupe se multiplicaban, favoreciendo una imagen entre divertida y desvergonzada. Cuando tuvo problemas con Pola Negri, anunció que estaba dispuesta a rectificar y que pediría a la majestuosa Pola disculpas. La encontró en un famoso restaurante, se acercó a la actriz polaca y, sin que Pola pudiera impedirlo, la besó en la nariz, dejándosela roja por el maquillaje. La anécdota recorrió todas las páginas de chismes del mundo. El mote de *jumping bean*, referido a los frijoles saltarines que se relacionaban con México, parecía convenir a una mujer siempre inquieta.

Lupe, cinco años más joven que Dolores y nacida María Guadalupe Villalobos, era hija de un coronel y de una cantante, curiosa mezcla que no parecería destinada a una carrera tan explosiva. Fue primero corista y luego *vedette* en el teatro frívolo mexicano, para ir a Hollywood a interpretar un par de pequeños papeles en dos cortometrajes cómicos producidos por Hal Roach con Charley Chase y Laurel y Hardy.

Sin embargo, y a pesar de su breve presencia en la pantalla, ya podía vaticinarse que la muchacha terminaría haciendo papeles como el de *Pimienta caliente* en 1932.

El desparpajo que exhibía Lupe en su vida privada, que le permitía, por ejemplo, sacar buen partido publicitario de sus relaciones amorosas con Gary Cooper, chocaba a Dolores, que siempre procuró establecer una distancia larga entre su erótico señorío y la desvergüenza de su compatriota.

Instalada en el papel de gran dama que si se quita la ropa lo hace con distinción, Dolores venía a decir que en México, como en cualquier otra parte, hay dos clases de mujeres. Y ella era de la clase superior.

Bud Schulberg menciona en su memorias (*Moving pictures*) esta competencia entre mexicanas y da su veredicto: "Dolores, sí; Lupe, no."

En el D.F. se presentaba, a través de dos películas significativas, el mismo enfrentamiento para que la audiencia nacional votara por una o la otra.

El resultado acaso haya sido un empate, ya que una cronista de cine, por entonces muy prestigiosa, concluyó que viendo a Lupe se prefería a Dolores y viendo a Dolores se advertía que era mejor Lupe.

Pero a pesar de estos y otros ejercicios de maledicencia, lo cierto es que la línea de actuación de ambas no tenía relación que facilitara las comparaciones, así como tampoco la imagen que ofrecían al público era ni remotamente semejante.

Dolores se esmeraba en establecer con cuidado el hecho de pertenecer a una familia de abolengo mexicana y se hubiera estremecido si alguien la ligara al teatro frívolo de la época. Todos sus esfuerzos iban dirigidos a crear una imagen noble de sí misma, por encima, incluso, de los papeles que el cine le obligaba a realizar. Apenas si su situación económica lo permitió comenzó a soñar con levantar en Hollywood una casa tal y como era "aquella en la que nací".

Ya el 14 de mayo de 1927 anuncia el proyecto a un grupo de amigos. La noticia la recoge la prensa mexicana. "Dolores del Río tendrá su residencia de México en Hollywood. La estrella anunció hoy que tiene ya los planos que pidió a México para construir su residencia en Hollywood. La casa tendrá un costo de doscientos mil dólares y será una reproducción exacta de su residencia en México."

Las paredes blancas, inmensos arcos que daban entrada a un zaguán y ventanas protegidas por celosías de hierro forjado; la casa de Dolores era un remedo de una

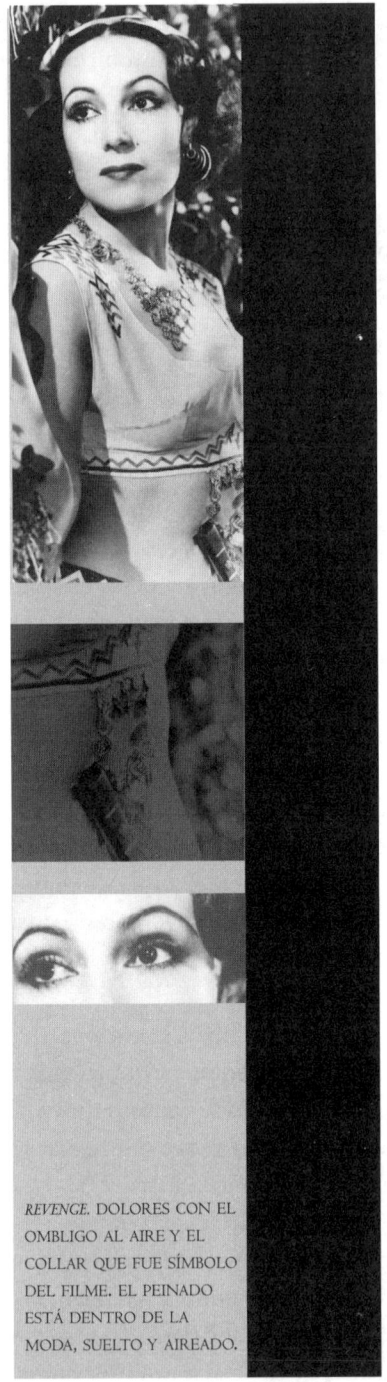

REVENGE. DOLORES CON EL OMBLIGO AL AIRE Y EL COLLAR QUE FUE SÍMBOLO DEL FILME. EL PEINADO ESTÁ DENTRO DE LA MODA, SUELTO Y AIREADO.

hacienda mexicana, heredera directa de un ambiguo estilo californiano.

Dolores, al estrenar ese verdadero rancho "de estilo español" va a dejar claro ante sus colegas cinematográficos no sólo de donde procede, sino del nivel económico del cual surge.

Frente a los ostentosos palacetes de los recién llegados a la riqueza, Dolores quiso definirse con una severa y señorial mansión en la que, sin duda, se advertía el buen gusto de Jaime, de quien la propia esposa afirmaba que era un caballero acostumbrado a la elegancia.

En el gran salón central, Dolores ofrecía a los invitados sesiones de baile español que fueron creándole la fama de ser una intérprete excepcional, lo que le sirvió, a la llegada del cine sonoro, para que hiciera películas como bailarina.

El prestigio social de la estrella era muy grande, sólo empañado por las habladurías sobre las costumbres sexuales de Jaime y la amistad de Dolores con su director de cabecera.

La virgen del Amazonas (*The Gateway of the Moon*) fue dirigida por John Griffith para Fox Films, empresa a la que Carewe había prestado a Dolores, quien, a su vez, había firmado un contrato con William Fox por dos películas rodadas una tras otra. Estos convenios eran habituales cuando una productora necesitaba a un tipo de actor que no se contaba entre su equipo; tanto quien cedía a la estrella como el o la artista recibían una compensación que en ocasiones era sumamente cuantiosa.

Que los exhibidores de países de habla es-

pañola hayan transformado de manera tan sustancial el título del filme, viene a decirnos cómo ya Dolores había sido encasillada en ese tipo de mujer que pretende flotar dentro de una discutible castidad tropical, a pesar de su paso por el drama de *Resurrección*, que pareció un interludio moral.

Como diría el severo crítico mexicano Silvestre Bonnard, la virginidad en la amazonia es virtud pasajera.

Una noticia de la agencia Associated Press, emitida después de su muerte, afirma que Jaime y Dolores se vieron en París durante el viaje de ella a Europa. Si esto es cierto, habrá que establecer este encuentro hacia el mes de septiembre, ya que Dolores hubo de volver rápidamente a Hollywood para ponerse a las órdenes de Edwin e interpretar *Revenge*, estrenada en Nueva York en el mes de diciembre.

La noticia de la muerte de Martínez del Río llegó a México el sábado 9 de diciembre y ocupó siete columnas en la primera página de la segunda sección de *El Universal*. "Murió ayer don Jaime Martínez del Río. El último 'te adoro' de Dolores no lo recibió."

En otros titulares menores se afirmaba que "vivió varios días sostenido por la esperanza de que su ex esposa podría llegar todavía a su lado".

Cuando la familia, en México, tuvo noticia de la gravedad del estado de Jaime, telegrafió a Madrid, y desde allí se desplazó a Berlín el prelado Sánchez Moreno, quien estuvo junto al enfermo hasta el último momento.

Los cables cargan la nota sentimental y melodramática: "¿Creen ustedes que Dolores viene?, fueron sus últimas palabras antes de entrar en coma."

Y el día 9 muchos periódicos reproducen un cable fechado en Hollywood: "Cuán grande fue el afecto entre Dolores y su marido, se deduce de los rápidos cablegramas enviados por la actriz de Hollywood y que llegaron en precipitada sucesión a la cabecera del enfermo. Todos ellos estaban redactados en términos cariñosísimos, tales como: Querido, mi amor a ti debe mejorarte."

Parece ser que después de la muerte aún llegó a Berlín un telegrama firmado por Dolores, que decía únicamente "Te adoro."

El puente entre el hospital y Lolita fue el representante de United Artists en Alemania, Curtis Meinitz, quien informó que cuando murió don Jaime, a los pies de su cama rezaba el padre Sánchez Moreno, mientras dos amigos personales del enfermo, los señores Paul Mooner y Fred Stein escucharon que el doctor decía: "Ha llegado el desenlace, el pulso se ha detenido."

Las crónicas de Los Ángeles contaron, también, cómo Dolores del Río al recibir la noticia se desmayó, pero Rafael Ibarra, corresponsal de *El Universal* en Hollywood, envió una breve nota en la que se relataba la gran impresión que la muerte de Martínez del Río había producido entre la colonia mexicana y señalaba que la estrella, en los brazos de su madre, había dicho: "Jaime mío."

Añadió en la misma crónica que en los "círculos cinematográficos se dijo hoy que la verdadera culpable de la separación de los señores Del Río fue doña Antonia Asúnsolo, que quería para Dolores la conquista de una altura mayor, un nombre mundial, con la protección de Carewe".

Otro acontecimiento parece colocar una última nota melodramática en la vida de Jaime del Río. Muere, como sabemos, en el mes de diciembre de 1928. Cuatro meses después aparece, por vez primera, su nombre en los créditos de una película, lo que parece haber sido la ilusión de su vida.

El año anterior, en sociedad con el mismo hombre con el que había escrito una comedia teatral, escribe una historia que les fue comprada por Fox Film Corp. Se trata de *The woman from hell*. La productora encarga a un equipo de escritores que haga el trabajo final. Estos son George Scarborough y Annete West Bay Scarborough. Dirige A. F. Erickson, y a pesar de que la intérprete principal fue Mary Astor, el filme pasa sin pena ni gloria.

LA MUERTE DE DON JAIME (1928)

"LO LLORÉ DURANTE MUCHOS DÍAS."

DOLORES DEL RÍO

1929. ANTES DE SU MATRIMONIO CON CEDRIC. LA CASA DE ESTILO MEXICANO.

Ocho meses después de su divorcio, muere Jaime Martínez del Río en Berlín. Oficialmente se dijo que falleció después de una pequeña operación para extirparle un furúnculo, la que se complicó con un envenenamiento de la sangre.

A su salida de Hollywood se había instalado en Nueva York, desde donde viajó a París y de allí a Alemania. Todos estos desplazamientos estuvieron rodeados de un cierto misterio, que sus familiares solían relacionar con su intención de escribir una obra de teatro que yo no he localizado y que acaso jamás existió.

Hombre complejo y apesadumbrado por los problemas con su esposa, surgidos sobre todo por la interferencia en su matrimonio de Edwin Carewe, relación que en un principio parece haber propiciado, inicia un itinerario de alejamiento.

Es singular que la propia Dolores, en ciertos momentos después de la muerte de Jaime, parezca aceptar que estaba relacionada con el fracaso de su matrimonio.

Esto no se entendería de otra forma sino pensando en un posible suicidio, y que las causas oficiales de la muerte estaban ligadas a una infección de la sangre y no a una depresión emocional.

La llamada buena sociedad mexicana acogió la noticia rodeándola de chismes y conjeturas. A través de lo que yo he podido averiguar, que no fue mucho, los elementos que habían dado pábulo a la suposición de un suicidio podrían catalogarse así:

Fue evidente que Jaime tenía hacia Dolores una muy curiosa reverencia, que le había llevado a posponer sus discutibles ambiciones como escritor a los triunfos cinematográficos de su mujer.

Esta entrega a la carrera de Dolores, sin embargo, había sufrido evidentes cambios con el paso del tiempo. Ella, efectivamente, había alcanzado ya un nivel de aceptación por parte del mundo internacional del cine que le permitía tener amistades, cada día más liberales, que le abrían caminos muy lejos del mundo persignando, aun cuando ciertamente condescendiente, que su marido y la familia del mismo le concedían.

Un elemento del que tenemos más noticias es la constante presencia de Edwin, un conquistador que no sólo no se daba por vencido sino que a Jaime le había sido imposible alejar de su esposa. O acaso el clima que rodeaba al triángulo se había vuelto irrespirable y el concepto mexicano del honor estaba sufriendo por la evidencia de las relaciones Dolores-Edwin.

De la madre he escrito poco en este libro. La hija parecía dar a entender, como en otras páginas señalo, que la bondad del padre había sido tan esencial en su vida que le había mostrado el buen camino. Sin embargo, los elogios a su madre más tendían a la admiración y reconocimiento por su energía y eficacia.

Una mujer que desde el primer momento, en la sumisa vida de la madre mexicana, se había decidido a impulsar a su hija en su carrera, rodeada por tantos prejuicios, bien parece una fuerza impulsora hacia metas difíciles.

Lo cierto, como aquí también se señaló antes, es que la colonia mexicana de Hollywood había encontrado en esta madre a la culpable del divorcio.

Jaime decide abandonar Estados Unidos, supongo que abrumado por tales circunstancias, pero no se va a París, en donde tenía muchos amigos, sino a Berlín, donde no sabemos qué sociedad podía encontrar.

Su familia decide enviarle a un sacerdote amigo, un mexicano. Todo inútil, ni siquiera los telegramas de Dolores consiguen alejarlo de la muerte.

Algo más me inquieta. ¿Quiénes son esos dos amigos que, de pronto, aparecen junto a su cama?

LA TAZA DE TÉ (V)

1928. JAIME Y DOLORES VUELVEN DE UNAS VACACIONES EN HONOLULÚ. JAIME SE ROMPIÓ UNA MUÑECA EN EL BARCO. ELLA RETORNA A HOLLYWOOD PARA HACER *RAMONA*.

"Me quedé viuda después de divorciarme: así me sentía yo después de la muerte de Jaime."
Cuenta que de la depresión que la noticia le produjo la fue salvando el trabajo. "Hollywood no tiene compasión."

Por otra parte estaba obligada a continuar con Carewe, a pesar de los rumores acerca de su relación con él. Pero de eso prefiere no hablar.
—Tenía un contrato y yo siempre cumplo mis promesas. Si usted quiere hablamos de los días que precedieron a *Ramona*; fueron sema-

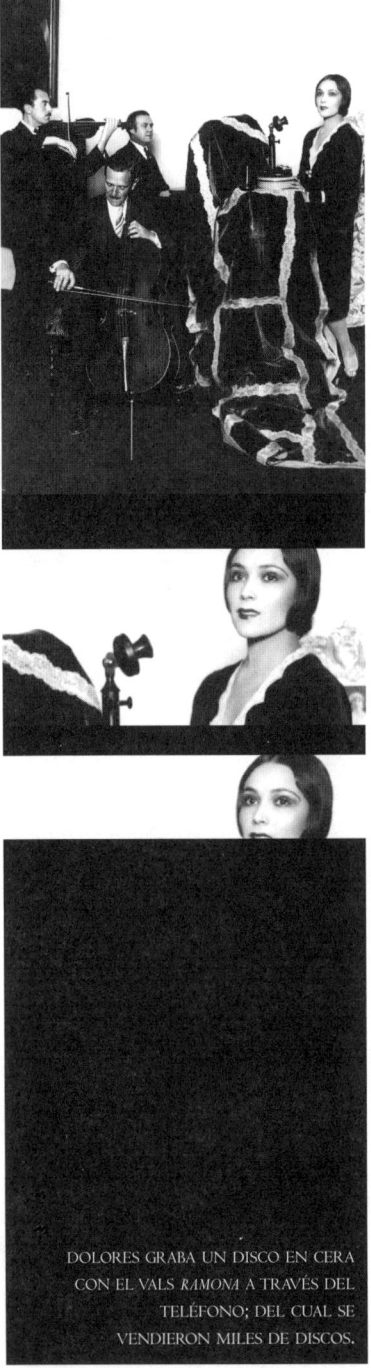

DOLORES GRABA UN DISCO EN CERA CON EL VALS *RAMONA* A TRAVÉS DEL TELÉFONO; DEL CUAL SE VENDIERON MILES DE DISCOS.

nas muy enloquecidas. El cine estaba ya condenado a llegar al sistema sonoro. De alguna forma todos, menos algunos que se engañaban a sí mismos, estábamos convencidos de que tarde o temprano las películas serían habladas. Con *Ramona* mi productor había llegado a un acuerdo que fue ya una aceptación de que el cine sonoro era una realidad. Se firmó un convenio con la casa de discos Victor que me obligaba a grabar la canción base de la película, un vals que aún se escucha.

Y durante el lanzamiento del filme recorrí varias ciudades y antes de la proyección yo cantaba en escena, acompañada por una orquesta importante... Nunca había yo hecho este tipo de cosas, pero el trabajo y las nuevas experiencias me sirvieron para irme recuperando de los problemas matrimoniales.

Dolores tiene un ejemplar del disco y me lo muestra. Está numerado como el 5054 de Artistas Victor Exclusiva y contiene dos canciones, ambas interpretadas por Dolores en español: *Ramona* (vals) y *Ya va cayendo*.

Le pido que me deje oír *Ramona* y cambiamos de sala para escucharlo. Dolores dice que "además de que no canto bien, el sonido es horroroso".

Yo insisto en que la canción debe sonar en la película que estamos preparando. Ella duda.

"Ramona, su belleza en flor, su infinito amor, su gracia que nadie igualará."

Después escuchamos la versión en inglés.

Dolores sonríe, y me mira como disculpándose.

"Lo ocurrido con esa canción fue curioso, llegó a convertirse en un símbolo de mi persona. Apenas si yo entraba en una sala, la orquesta iniciaba el vals.

"Mucha gente que no había visto la película relacionaba la canción conmigo y así se formó una idea común. Promocionar, como ahora se dice, el vals era tanto como anunciar la película.

"Yo llegué a recibir cartas dirigidas no ha Dolores del Río, sino a Ramona. El servicio de correos de Hollywood no dudaba a quién se destinaban.

"Por otra parte, el personaje de Ramona me acercaba a mis raíces. Fui descubriendo, al perder a Jaime, que había abandonado mi México por demasiado tiempo. Hollywood te atrapa, el cine no sólo es la fama, sino también el dinero y un compli-

cado sistema de inversiones que la gente común no conoce.

"Aún recuerdo el día en que el estudio me dejó en mi casa la historia de Ramona. Conforme leía el argumento, fui cambiando de alguna forma. Ya no era una mujer rusa dolorida, sino una mujer que se acercaba mucho a mí.

"Creo que la película llegó en el momento y el lugar adecuado.

"No es fácil hablar de todo esto, ya que el tiempo ha pasado y mis sentimientos y mis recuerdos se enredan y se hacen difíciles de recuperar. *Ramona* sirvió, en buena parte, para que yo recuperara algo que se había venido perdiendo."

RAMONA (1928)

RAMONA SOBRE LA ESPALDA DE ROLAND DREW.

La novela de Helen Hunt Jackson se sitúa en un aguerrido moralismo que choca con los brutales excesos no sólo de los esclavistas, sino también de la sociedad movida por valores exclusivamente económicos.

Los problemas de los indios en California, despojados por ganaderos y agricultores que se comportaban como conquistadores, movieron a la escritora tanto como la idílica estampa de una sociedad en la que los franciscanos mostraban su pobreza como el mejor camino hacia Dios.

De alguna manera la novela *Ramona* era una llamada de atención hacia un drama cruel y un mundo que estaba siendo destruido por la ambición de "los malos sajones". El discurso de intención social tenía antecedentes en la literatura de Estados Unidos, de la que es obligado recordar obras como *La cabaña del tío Tom*, igualmente ingenua y bien intencionada para su tiempo.

El mundo de *Ramona*, a los ojos de Helen Hunt, es galante y heredero de la caballerosidad hispana, capaz de crear a esa especie de caballero andante que será el Zorro.

Un paternalismo indulgente mueve a los hacendados a considerar virtudes y defectos del indio, y choca contra los despiadados intereses de los sajones recién llegados a California.

El paraíso se pierde ante los ojos de seres como Helen Hunt Jackson, que con *Ramona* mueve la conciencia de miles y miles de piadosos lectores y lleva a la pareja Wolf Gilbert y Mabel Wayner a crear un vals tan nostálgico y melancólico que consigue arrebatar a la historia todo carácter contestatario.

Que lo que *Ramona* tenía de denuncia pareció a los cineastas menos interesante que lo que cargaba de popularidad, nos lo dirá el ejemplo del filme de David W. Griffith, quien para interpretar a la indígena Ramona eligió a una actriz famosa por sus bucles de oro: Mary Pickford (1910).

Edwin Carewe va a sentirse más cerca de la intención de la novela por su apasionado amor por Dolores, lo que le hace no ser un espectador imparcial, sino solidario del drama del mexicano ya sometido a las injustas leyes de los gobernadores. Por otra parte, Dolores del Río ya había conseguido, en esas fechas, imponer su condición de mexicana.

La actitud de Dolores tuvo que influir en el tratamiento que Edwin iba a dar a la historia. Todo esto no impidió, sin embargo, que Carewe, a la búsqueda de un reparto que atrajera al espectador de la Unión Americana, diera el papel del indio Alejandro a Warner Baxter y multiplicara los apellidos sajones.

La película fue bien recibida en México y el vals fue un gran éxito. La casa Victor anunció en grandes desplegados que Dolores canta en inglés y en español, acompañada por la Orquesta de Paul Whiteman. La partitura se vende por millones y un comentarista dice que en todas las casas, a la hora de mostrar las habilidades de la hija, los padres le hacen cantar *Ramona*.

EL MATERIAL DE FILMACIÓN DE *RAMONA* LLEGÓ EN AVIONETA. TODO UN ACONTECIMIENTO.

La publicidad señala que Dolores y Guillermo Calles son los vecinos de Hollywood que defienden con más fuerza a la raza india.

En cuanto a la labor de Dolores se dice que "saliendo del género estrictamente erótico, presenta un tipo de mujer perfectamente humano, que obra, piensa, razona y siente como el resto de los mortales".

Incluso el implacable Silvestre Bonnard alaba a Dolores, después de que había escrito que en *Resurrección* nos hizo atisbar "un poco de arte y un poco de emoción". Este acérrimo enemigo de los vestidos "insinuantes" escribe el primero de julio de 1928 que "Dolores ha terminado de rodar el principal papel de *La danzarina roja*, que dirigió el desaprensivo Raoul Walsh (que hizo *Carmen*) y Lolita aparece siempre vestida. Enhorabuena".

Firmada por Rafael Bermúdez Z., apareció una crítica precedida de una ficha técnica del filme que incluye a "Jean, el perro pastor del mismo nombre." Señala, también,

RAMONA REZA POR SU AMADO PERSEGUIDO.

que la película tiene un prefacio en el que se afirma que Ramona es un prototipo de sencillez y por descontado de arte.

"Ramona es el tipo de una mujer esforzada, simpática, que lucha contra los sentimientos que le son encontrados, tratando de hallar la justificación de un odio que la cerca y que no comprende. Sus intenciones son honradas, sus diversiones gentiles, siempre adecuadas a su edad; cuando le llega el amor se entrega a él con firmeza, con toda la valentía de su alma; un secreto impulso le hace volver a los suyos, a los de su raza, sin siquiera saber que ella misma es una mestiza. Y cuando se entera de la verdad de su nacimiento, siente orgullo al comprender que desciende de hombres luchadores y valientes y su amor se redobla por Alejandro, a quien juzga un prototipo de su raza. Su amor, su devoción, su fe le infunde el valor de abandonarlo todo para seguir el destino del amado, con el firme propósito de mejorar su propio pueblo.

"Y cuando el destino la abate al grado de quitarle primero a su hija y después a su marido, queda postrada, con un abatimiento ciertamente simbólico. Ella representa todo un pueblo, todos los pueblos humildes de la tierra que tienen que ceder el puesto a los más fuertes."

De Dolores dice el crítico que ya se la tiene por trágica absoluta de cinelandia.

Ramona se anuncia en los cines Palacio, Odeón, Teresa, Goya, Rialto, Venecia, Parisina, Rívoli, América, San Rafael y Buen Tono: todos ellos del llamado Primer circuito.

DOLORES Y CAREWE VISITARON UN PUEBLO CALIFORNIANO DONDE TODOS LOS AÑOS SE REPRESENTABA UNA VERSIÓN TEATRAL DE *RAMONA*. ESTRELLA Y DIRECTOR CON LOS ACTORES LOCALES.

El jueves 4 de julio, en una nota de la sección de "sociales" de un diario, el redactor se extraña de que Lolita no venga a la boda de Eustaquio Martínez del Río y María de Lourdes Icaza, que reúne a las familias Martínez del Río y López Negrete.

Los distribuidores del material de United Artists lanzaron el filme para los países de habla española con textos singularmente melodramáticos:

Conflicto. Mantenido por regio choque entre el amor y el deber, que engendra un dilema torturador de las almas. El parentesco ha levantando un dique contra el que baten las oleadas arrolladoras de una pasión indomable. La vida con sus eternos abismos.

Poesía. Amor inmortal que persevera a través del sufrimiento, porque lo alienta el propulsor bendito de la esperanza y florece al calor inextinguible de la fe. Bello, sincero, sublime amor.

En el pueblo californiano de Hemet, se celebraba, por entonces, todos los años una fiesta en donde los lugareños representaban la historia de Ramona ajustándose a la historia de Helen Hunt Jackson. Dolores fue invitada a acudir al lugar y convivió durante un día con los actores aficionados locales, dejándose retratar junto a la Ramona local, una mujer de largas trenzas de pelo negro. Edwin Carewe la acompañó en este viaje que consiguió una buena publicidad para la película.

Todo el equipo de trabajo se trasladó, durante la filmación, al pueblo de Cedar City, en el estado de Utah y el material fílmico, valorado en diez mil dólares, fue enviado en una avioneta que recorrió novecientas millas, llevando también a uno de los camarógrafos, Robert Kurrle. El vuelo recibió mucha atención de los periodistas ya que el aparato, un Wright Whirlwind 200 H. P., se decía, era igual al que tripuló el coronel Lindberg en su vuelo transatlántico.

Cuando se anunció la partida del avión, Dolores acudió a despedirse de los dos tripulantes y se dejó retratar con ellos con un vestido blanco y un sombrero ajustado a la cabeza, curiosamente muy parecido al casco que por entonces usaban los aviadores.

El camarógrafo principal de la película, Al M. Greene, prefirió viajar por tierra. Como en Cedar City no existía aeropuerto, el aparato aterrizó, sin problemas, en unos prados.

Todo este anecdotario despertó un interés que más tarde se reflejó en la taquilla.

EL AÑO MÁS LARGO

"FUE UN TIEMPO QUE RESULTA IMPOSIBLE DESCRIBIR. DOCE MESES LOCOS."
DOLORES DEL RÍO

Para quienes tuvieran buen olfato, el año 1928 anunciaba la muerte del cine mudo, pero también era el tiempo de las modificaciones, el experimento, la angustia y un afán de trabajo que parecía estimulado por la próxima aparición de la catástrofe.

Robert Florey, un parisino que había llegado a Hollywood en 1921, dirige una película de un solo rollo cuya producción le cuesta cien dólares. *Hollywood Extra* despierta no sólo la curiosidad de la industria del cine, sino la atención de todo tipo de público, incluso de los intelectuales que no parecían, hasta el momento, contemplar con interés las películas. Una distribuidora compra a Florey el filme y lo distribuye en más de quinientas salas de Estados Unidos.

Se trataba de reflejar, con muy valientes movimientos de cámara y efectos truculentos, las angustias de un día de estreno. La fotografía y

1928.

PRIMERA PELÍCULA PARA LA MGM, *THE TRAIL OF 98*. DOLORES CON EL GALÁN RALPH FORBES.

la escenografía eran del pintor Slavko Vorkapich, quien se apoyó en el llamado expresionismo alemán, entonces prácticamente desconocido en Hollywood.

Esta película pareció decir a muchos creadores estadunidenses que el cine podía aprovechar las nuevas corrientes del arte o, por lo menos, atraer hacia su negocio a los directores europeos más modernos.

Hollywood aprovechó su asombrosa capacidad de digerir las corrientes extranjeras más contradictorias y usó elementos del naturalismo francés, el expresionismo alemán y las técnicas de montaje ruso.

Dolores tuvo siempre una asombrosa capacidad para intuir el futuro de su propia profesión y parece haber captado el espíritu de crisis que se respiraba ese año, cuando aún importantes productores y actores no entendían que el cine mudo se estaba agotando.

Firmó Dolores cuantos filmes se le propusieron, como para aprovechar lo que ella entendió, cabalmente, como el fin de una época, mientras continuaba estudiando inglés.

Asombra el trabajo que realizó el año en que muere su marido. Durante esos doce meses se estrenan:
1. *The gateway of the moon,* de John Griffith Wray, producida por la Fox.
2. *The trail of 98*, de Clarence Brown, producida por MGM.
3. *Ramona*, de Edwin Carewe, producida por United Artists.
4. *The red dance*, de Raoul Walsh, producida por Fox.
5. *No other woman*, de William Fox, producida por William Fox.

6. *Revenge,* de Edwin Carewe, producida por United Artists.

En cinco de estos filmes Dolores aparecía como cabeza de cartel junto a figuras ya conocidas como Walter Pidgeon, Warner Baxter y Don Alvarado. Solamente en *The red dance* su nombre iba en segundo lugar.

El exceso de trabajo de Dolores bien pudo haber sido una forma de evadirse de los problemas acumulados; su viudez le hubiera permitido, tal como insistía Edwin, una boda sin los siempre escandalosos divorcios; pero lo cierto es que a pesar de que éste le estaba dando trabajos más nobles que los primeros, estaba Carewe aún lejos de ser esa figura que la llevara hasta la cumbre del estrellato, como muchos le vaticinaban.

Que la relación entre Dolores y Edwin había sido lo suficientemente estrecha como para despertar los celos de un hombre apacible y paternal, no se puede negar, y tal vez debería atenderse al comportamiento de los amantes.

La familia de la mexicana, en la que la voz más enérgica era la de la madre, entendía que había llegado el momento de un cambio, en el que las relaciones íntimas eran esenciales.

La muerte del marido hacía posible este cambio de forma socialmente aceptable. Dolores, en fin, estaba en condiciones de pensar en un nuevo matrimonio y no le faltaban admiradores situados en una posición mucho más importante en Hollywood de la que Edwin podía ofrecer.

En las columnas de chismes la joven viuda comenzó a aparecer como una apetitosa posibilidad para los múltiples casaderos que la industria del cine ofrecía.

Otros problemas pueden también haber presionado a Dolores durante estos años: su cada día más visible distanciamiento de la colonia mexicana, en la que se movían centenares de nacionales en busca de un trabajo que escaseaba.

En 1926 están inscritos en las listas de extras más de doce mil personas, en su mayor parte gentes sin experiencia alguna en el cine que buscaban una oportunidad o eran llamados por la ambición que Hollywood parecía estimular a todo tipo de gente.

Algunos estudios cerraron sus puertas a los que pedían trabajo y otros exigían a los figurantes un certificado en el que constara que eran verdaderos profesionales.

La casa de Dolores fue asediada por mexicanos y mexicanas que no tenían prácticamente qué comer, y como ella ciertamente no podía encontrarles trabajo en un lugar en donde sobraban los que lo buscaban, comenzó a crearse a su alrededor la fama de una estrella ansiosa de desligarse de su patria.

Esto no era justo, pero apoyaba esta imagen la elegancia y el mundo cada día menos latino que la rodeaba.

Lo que llamaríamos "mexicanidad" de Dolores, expuesta sobre todo en su hogar, vestuario y amigos, parecía comenzar a declinar visiblemente, sobre todo por medio de la comparación con otros tiempos, ya que ella había sido en Hollywood una valiente defensora de tales virtudes.

Todo esto resultó aun más visible cuando volvió a casarse con un hombre que la rodeó de unos gustos en los que el folclor mexicano no tenía cabida.

UN DRAMA HELADO

"FUERON UNOS DÍAS VERDADERAMENTE TERRIBLES,
ENTRE EL FUEGO Y LA NIEVE."

DOLORES DEL RÍO

A comienzos del año 1924 Charles Chaplin inicia el rodaje de un filme ambicioso y difícil: *La quimera del oro*, basado en la legendaria búsqueda del metal en Alaska, entre hielo y hambre. Es acaso una de las más líricas, melodramáticas y tiernas películas del cómico.

Cuatro años después la Metro Goldwin Mayer anuncia que ha comprado los derechos de la novela *The trail of 98*, de Robert William Service, sobre el mismo tema, pero ausente de todo humorismo.

La publicidad anunció que el ya famoso Irving B. Thalberg ha comenzado a buscar a la intérprete ideal. Se dice que ha entrevistado a muchas jóvenes y contemplado retratos de centenares de aspirantes al papel de Berna.

NAVIDAD 1929. DOLORES
OFRECE REGALOS A LOS
NIÑOS DE LOS ÁNGELES.

En los primeros meses de 1928, Edwin Carewe comunica a Dolores que le ha conseguido el papel y que está en condiciones de cederla a la MGM si ella está de acuerdo. Dolores acepta y en una reunión –de la que tiempo más tarde ha perdido memoria– le presentan al hombre prodigio Thalberg y al director Clarence Brown.

"Debió ser una reunión muy extraña, yo era muy joven y quienes decidían eran famosos pero no habían llegado a la madurez."

Dolores recordaba cómo el cine era negocio de gente de pocos años pero en el que se movían millones de dólares. En ese año ella tenía veinticuatro; Thalberg, ya considerado como un genio de la producción, no cumplía treinta y nueve y el director Clarence Brown tenía treinta y ocho.

El equipo salió a rodar en escenarios naturales, en Canadá y Alaska. Dolores afirmaba que para que los caballos no se congelaran "había que inyectarles todos los días una sustancia".

Decía, también, que una de las secuencias se desarrollaba durante un incendio y que cinco días trabajó temiendo quemarse.

La escenografía del filme fue creada por Cedric Gibbons, a quien Dolores conoció en los estudios de la MGM cuando acude a probarse los vestidos que para este filme diseñó Lucía Coulter. Parece que este primer encuentro con quien llegaría a ser su esposo fue breve. Por entonces Cedric estaba experimentando con un proyecto sumamente importante, crear la gran ciudad del mundo, un enorme complejo escenográfico en el que estuvieran los lugares más representativos de las poblaciones más conocidas de la tierra, la plaza Vendôme, de París, por ejemplo. Se trataba de que se pudieran rodar varias películas situadas en diversos países al mismo tiempo, ahorrando dinero a la MGM. El proyecto sólo pudo ser desarrollado en parte.

La película se estrenó en los países de habla española con el título de *Cenizas de gloria* o *La senda del 98*, que tiene una cercanía curiosa con el filme de Chaplin, en donde se veía a centenares de hombres avanzando en fila por una senda abierta en la nieve; por otra parte era conocimiento de todos que en el año 1898 había estallado la fiebre del oro en el país.

En el archivo de Dolores se encontró una fotografía que bien podía haberse tomado durante el primer encuentro de ella con Cedric; ambos vestidos deportivamente junto a una mesa con papeles. Conforman una pareja juvenil de aspecto optimista.

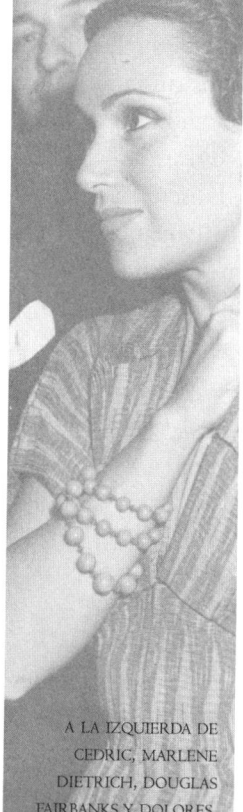

A LA IZQUIERDA DE CEDRIC, MARLENE DIETRICH, DOUGLAS FAIRBANKS Y DOLORES.

La entrada de la mexicana en los estudios de la MGM significaba un paso muy importante: por entonces esta productora ya estaba colocada en primer lugar y contaba con un impresionante equipo de bellas estrellas, entre las que se situaba en primer lugar Greta Garbo, seguida de personalidades tan importantes como Norma Shearer, Barbara Stanwynck, Marion Davies, Joan Crawford, Jeanette MacDonald...

Los Ángeles, día 7 de octubre de 1930, Cedric Gibbons, flamante esposo de Dolores del Río, ha sido demandado ante los tribunales por su primera cónyuge, Gwendolyn Gibbons Seller, por el importe de las anualidades que no ha recibido a pesar de la sentencia de divorcio dictada por las autoridades judiciales en 1926. El total de la indemnización se eleva a treinta mil dólares.

Hollywood California, día 27 de noviembre de 1930. Dolores del Río fue internada en el sanatorio del Buen Samaritano, víctima de un penoso mal. Los doctores dijeron que

si bien el mal es grave, no implica de manera alguna peligro inmediato. El diagnóstico afirma que se trata de pelvitis, enfermedad que se caracteriza por una inflamación en la pelvis y en los riñones.

Algunos datos sobre Gibbons. Nace en 1895 y muere en 1960.

Es el creador de la estatuilla del Oscar y fue director de películas como *Tarzán*. A los veinte años es contratado por Edison. En 1918 pasa a trabajar con Goldwin. En 1924 entra en la MGM, en la que hace una impresionante carrera colmada de éxitos, convirtiéndose en el director artístico más influyente en el cine de Hollywood. Su uso de blancos y negros en la escenografía crea toda una escuela, hasta que en 1941 comienza a experimentar con el color.

Gibbons ganó su primer Oscar en 1928 con *El puente de San Luis* y siguió recibiendo ese trofeo en 1934, 1940, 1941, 1944, 1946, 1949, 1951, 1952, 1953 y 1956.

En cuanto a cómo llegó a conocer a Dolores, ambos dieron diferentes versiones pero cabe pensar que fue durante el rodaje de *The trail of 98*, producida por MGM y con decorados del propio Cedric.

La posible razón para ocultar este dato es que la mexicana acababa de recibir la noticia de la muerte de Jaime y se le relacionaba con Edwin Carewe. (Jaime murió en diciembre del 28 y el filme se estrenó en marzo del 29.)

Sea como sea, se produce un noviazgo que se fue formalizando con el paso del tiempo hasta llegar a la boda en 1930.

Para entonces, el prestigio de Cedric era enorme, al punto de que en la MGM se había creado todo un departamento de diseñadores de arte encargados de todas las escenografías de los filmes, que ya se distinguían de las películas de la competencia. Este equipo, que llegó a crear lo que fue llamado "el estilo MGM", estaba conformado por Arnold Guillespie, Fred Hoper, Alexander Toudof y Merril Tye. Al frente de todos estaba Cedric.

En el mes de julio del año mencionado, Dolores anuncia su próxima boda enviando un boletín a la prensa:

"Tengo el gusto de anunciarles que Cedric Gibbons y yo contraeremos matrimonio el próximo miércoles, pero aún no sé decirles ni la hora ni el lugar de la ceremonia."

Según el corresponsal de la prensa mexicana en Los Ángeles, Rafael Ibarra, "nada se sabía de esta relación".

EL ESTILO CEDRIC

"ERA UN HOMBRE EXQUISITO."

DOLORES DEL RÍO

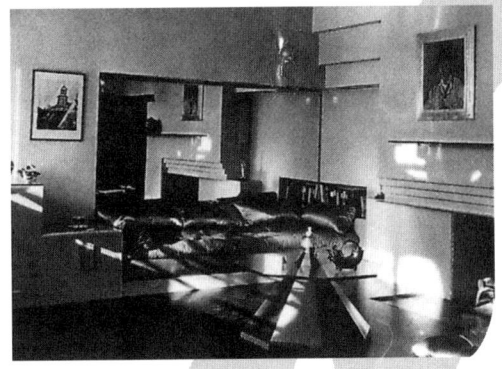

EL FOTÓGRAFO GEORGE HURREL MUESTRA EL ESTILO SOFISTICADO Y AUSENTE DE LA VIDA DE LA PAREJA CEDRIC-DEL RÍO.

El matrimonio va a transformar totalmente a Dolores que ahora se inserta en un mundo absolutamente distinto a aquel en el que había vivido. Una elegante sencillez en el vestuario, un alejamiento absoluto del llamado "estilo colonial" y un abandono de los toques barrocos que se advertían en sus anteriores viviendas suceden a la boda. Cedric está al día en cuanto a los nuevos modos de la decoración y el arte, sabe lo que ahora se estila en Europa e impone su marca no sólo en la casa que crea para su esposa, sino también en el guardarropa de Dolores.

Una fotografía, acaso de 1936, muestra de la forma más evidente la nueva Dolores que Cedric ha comenzado a diseñar. Fue to-

mada durante una cena de gala; en la mesa se encuentran Charles Chaplin, Paulette Goddard (acaban de estrenar *Tiempos modernos*), Cedric y Dolores. Ésta lleva un vestido blanco que le deja desnudo el brazo derecho desde el hombro, no usa pendientes, pulseras ni collares y por único adorno lleva una gardenia en el pelo recogido. No sólo impresiona su belleza, sino también se anuncia ese digno y elegante señorío que comienza a caracterizarla. Mientras Paulette sonríe alegremente al fotógrafo, Dolores parece absorta y lejana.

El estilo Gibbons es, ciertamente, frío, excesivamente cuidado; la casa que manda construir para el matrimonio no tiene un solo toque cálido o personal; todo está cuidadosamente pensado para ofrecer una supuesta comodidad eficaz. El toque mexicano que antes era característico en la vida de Dolores ha desaparecido. En la biblioteca los libros se alinean sospechosamente por tamaños y aun los ramos de flores muestran una tarea de composición arquitectónica. La cuidada discreción de Cedric hace que una estatuilla del Oscar aparezca no de la manera orgullosa que era habitual en los hogares de las estrellas, sino ofreciéndose como

CHARLES CHAPLIN, PAULETTE GODDARD, CEDRIC Y DOLORES.

un adorno poco importante.

De los dos grandes sofás que conocemos por las fotografías de George Hurrel y de Clarence Sinclair Bull, uno de ellos está forrado de una tela negra o muy oscura, reluciente y fría, que ayuda a crear el "estilo quirófano", sofisticado y ausente de vida. Pocos cuadros y algunos espejos. Esto no significa que falte belleza a este hogar muy poco hogareño, pero se acerca demasiado a un calculado ejercicio de arquitecto. Nada está fuera del sitio para el cual fue elegido.

El exterior se conforma con paredes altas, de duras aristas y pintadas de blanco. Curiosamente, lo que parecía recordar Dolores con más cariño, años después, eran los grandes árboles que se veían a través de los ventanales que daban al jardín interior.

La casa fue construida en el llamado Cañón de Santa Mónica.

La nueva mansión de Dolores respondía a

lo que bien pudiera ser la línea estética de la famosas comedias de la MGM de aquellos años: todo limpio y todo claro.

El propio Cedric aceptaba que él era el resultado de una familia que sabía lo que quería; nieto e hijo de arquitectos, había encontrado, más que nadie en el mundo, en el cine la forma de levantar construcciones, aun cuando éstas fueran efímeras. Se suponía que Gibbons diseñaba o dirigía dos mil trescientos decorados al año, que bien podían ir de un palacio árabe a una choza rústica, construyó las famosas estatuas colosales que se ven en el filme *Ben Hur* durante la carrera de cuadrigas, y al casarse con Dolores tenía a sus órdenes más de dos mil empleados que dibujaban y construían alrededor de cincuenta decorados por película. Al momento de su retiro se calculaba que su nombre había aparecido en más de mil quinientos filmes como director artístico.

Sus colegas afirmaban que había encontrado el estilo que le hizo famoso en 1925 en París, al visitar la exposición de *Arts Decoratifs*.

Frente al barroco y estrafalario castillo de San Simeón, construido por el magnate Hearst en Santa Mónica, Cedric Gibbons representaba la cultura europea y el gusto refinado y frío.

LA TAZA DE TÉ (VI)

"CEDRIC ERA LO QUE HABITUALMENTE SE ENTIENDE COMO UN INGLÉS."
DOLORES DEL RÍO

"Era bastante más alto que yo, él decía que mi boca le llegaba a su corbata, y vestía de manera muy cuidadosa, incluso cuando jugaba al tenis parecía irreprochable. Sus amigos le llamaban el inglés. Usaba un bigote muy en la moda de entonces, el mismo afilado y cuidado que habían hecho muy popular algunos artistas de cine; Robert Taylor, Clark Gable y William Powell, por ejemplo. Los tres, por cierto, habían trabajado con Cedric. Era hombre educado que me trataba de manera un poco paternal, cuidándome. Los dos habíamos tenido un gran amor que terminó tristemente. Muy triste. Él era en la

Metro toda una institución, incluso los obreros lo admiraban. Creo que su característica más visible era la elegancia, el comportamiento correcto y una educación muy sólida. Siempre sabía lo que quería y era capaz de imponer su punto de vista artístico a estrellas que la gente consideraba intratables. No me dejó conocer la casa en la que viviríamos hasta que la dio por terminada. Entonces me tomó en brazos y entró conmigo. Yo le había dicho que adoraba la lluvia; así que me sentó en un sillón y fue a apretar unos botones; a través de los grandes cristales de un ventanal comencé a ver caer la lluvia. Había dispuesto un mecanismo para que yo tuviera lluvia cuando me apeteciera. El mundo del cine es muy duro, está lleno de intrigas y maledicencias; Cedric parecía ajeno a todas esas cosas tan tristes. El matrimonio entre dos gentes del cine no es fácil. Cedric estaba rodeado de mujeres muy bellas y yo de galanes; era irremediable que los celos aparecieran de cuando en cuando. Durante nuestro matrimonio tuve una enfermedad delicada. Él se portó como un marido ideal. Le gustaba salir conmigo a comprarme ropa, en todas las tiendas elegantes lo conocían y admiraban. Era

EN *VOLANDO A RÍO* INTERPRETA A UNA BRASILEÑA MILLONARIA.

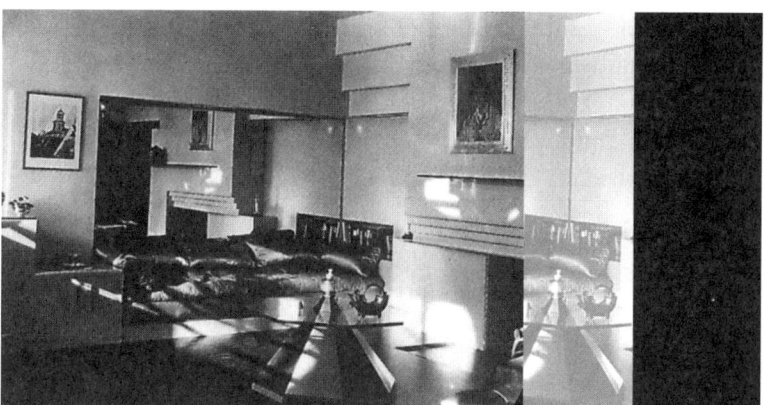

agradable, muy agradable, ir de compras con Cedric. Muchos sábados en la tarde íbamos a casa de amigos a jugar a las cartas, pero no tuvimos amigos íntimos en el mundo del cine; eran colegas cansados de una semana muy dura. Chaplin y Cedric se llevaban muy bien, ambos eran ingleses y parecía que esto los unía. A pesar de que Chaplin había tenido una infancia muy pobre, se había educado a sí mismo muy bien. Hablaban de arte y de todo tipo de pintores. Una aprendía mucho escuchándoles. A los dos les gustaba el tenis. Cedric y yo no hablábamos de dinero, pero los dos éramos lo que se dice ricos. Éramos un matrimonio serio. No recuerdo ni una de las fiestas escandalosas que se decía ocurrían en Hollywood. Fue un bello matrimonio, pero como tantas cosas en la vida, la felicidad terminó.

—Dolores —la interrumpo— a mi juicio, durante los años de su matrimonio con el señor Gibbons usted se convirtió en una dama de sociedad. Eso se desprende de las fotos que aparecían en las revistas americanas de entonces.

—Es cierto; a pesar del trabajo de ambos acudíamos a muchas fiestas sociales. Por entonces Hollywood estaba salpicado de lugares interesantes para cenar o bailar. En algunos sitios se hacían fiestas sociales. En el café Lamaze...

—He visto fotos suyas en Lamaze, que estaba en el 9039 de Sunset Boulevard, con Marlene Dietrich y Errol Flynn. Existe una fotografía en la que usted está enseñando a bailar la conga a Errol. Él parece un mal discípulo.

Dolores ríe y entre los dos nos ponemos a crear la nómina de los lugares en donde por los años treinta se reunían en las noches las estrellas: Coconut Grove, Bamboo Room, Casanova Club, Fiesta Room, Club Squire...

–Se nos olvidaba el The Zenda Ballroom.

Y yo, para demostrar mis conocimientos sobre el mundo, nunca conocido de Hollywood de los años treinta, añado:

Y en el número 1637 de North Vine Street estaba un lugar muy famoso al que se entraba a través de un toldecillo verde.

–Justo, justo, el "it" café.

Aprovechando esta nostalgia de los grandes tiempos, yo pido otra copa.

Dolores del Río sonríe y accede.

LA RKO

"EL PADRE DE RKO FUE KING KONG."

ORSON WELLES

La anterior afirmación de Welles podría discutirse, ya que la productora nació en el año 1929 y el monstruo enamoradizo se fue a caer desde el Empire State cuatro años después. Pero lo cierto es que *King Kong* estará para siempre ligado a esta asombrosa fábrica de hacer películas.

Allí nacieron los siete enanitos de Disney, los cuatro hermanos Marx y la pareja Astaire-Rogers, y en la RKO trabajaron algunas de las estrellas más famosas de todos los tiempos: Irene Dunne, William Powell, Douglas Fraibanks Jr., John Barrymore, Katherine Hepburn, Charles Boyer, Basil Rathbone. Todos ellos estaban bajo contrato con la RKO cuando Dolores del Río se comprometió a interpretar como estrella principal tres películas que deberían hacerse entre los años 1931 y 1933.

Casada unos meses antes de que se inicia-

ra el rodaje de la primera, Dolores había llegado a un acuerdo con Cedric para hacer únicamente un filme al año.

Por otra parte, la aparición del cine sonoro, había impuesto las comedias musicales y la RKO quería aprovechar las condiciones de bailarina de la mexicana quien, por otra parte, sólo había trabajado anteriormente en un filme totalmente sonoro: *The Bad One*, que en México se tituló *La Mala*.

Los buscadores de historias no fueron muy afortunados a la hora de encontrar argumentos en los que Dolores tuviera ocasión de bailar, pero sí le encontraron especialistas en escenas coreográficas que crearan bailes espectaculares en cada uno de los tres filmes; uno de ellos fue el extraordinario Busby Berkeley, quien tuvo que inventar, como veremos más adelante, unas entretenidas danzas de las islas del Sur.

Estas tres películas de la RKO han quedado en la historia del cine por curiosas razones.

Por lo pronto, una pareja de baile, sólo conocida en los ambientes teatrales salta a la fama y se convierte en atracción principal del cine: Ginger Rogers y Fred Astaire, que habían sido contratados para hacer unos números musicales en *Volando a Río*, pasan a ser figuras famosas en todo el mundo.

Otro elemento extra-cinematográfico va a aparecer en este mismo filme; se trata del traje de baño de dos piezas que viste Dolores. Como repetiría muchas veces, fue ella misma quien lo inventó y lo impuso. La moda de dos piezas blancas salta a los grandes almacenes y en las piscinas de toda California se impone.

Pero lo importante en todas estas cintas era la música, la coreografía y el ambiente optimista que parecía ser un tónico para la realidad social del país.

Lee Marcus, ejecutivo de la productora, crea un equipo en el que destacan las figuras atractivas en taquilla, pero no abandona a los actores dramáticos ni personajes tan conflictivos como Erich von Stroheim.

Se inicia la década de los treinta en la RKO con esta impresionante nómina: Constance Bennet, Mary Astor, Kay Frances, Bette Davis, Maureen O'Sullivan y, para contrarrestar tanta belleza, Boris Karloff.

Como era habitual en estos casos, para la firma del contrato con

EN 1931 DOLORES FIRMÓ, CON B.B. KAHANE, PRESIDENTE DE LA RKO UN CONTRATO PARA RODAR TRES PELÍCULAS.

Dolores se convocó a la prensa y se distribuyeron fotografías a revistas y diarios nacionales y extranjeros.

B.B. Kahane, presidente de la RKO Radio Pictures Corp., un hombre voluminoso y calvo, firmó el documento junto a una Dolores vestida con un modelo adornado por seis grandes botones de cristal y peinada con la raya al medio y el pelo corto y recogido detrás de las orejas. En la fotografía que ha llegado a mí, ella contempla, de pie, cómo Kahane firma sentado y sonriente.

B.B. Kahane fue un hombre importante en el mundo del cine; recibió en 1957 un Oscar honorario por su contribución a la cinematografía y fue, en dos ocasiones (1959 y 1969) presidente de la Academia.

LA TAZA DE TÉ (VII)

"CARIOCA, NO ME SEAS ESQUIVA."
CANCIÓN DE EDWARD ELISCU Y GUS KHAN, CON MÚSICA DE
VINCENT YOUMANS

DOLORES EN *WONDER BAR*

—Usted hizo bastantes películas con escenas musicales importantes, incluso algunas de ellas en las que los bailables parecían ser la razón del filme más que la anécdota.
—Sí, después de la depresión, Hollywood hizo muchas películas que pretendían distraer al espectador. Lo que importaba era el espectáculo.
—Hábleme de Busby Berkeley.
—Era un genio dirigiendo las escenas musicales. Yo lo conocí cuando hicimos *Bird of paradise*.
—Eso fue en 1932.
—Sí, lo contrataron para que montara las escenas de bailes. Él trabajaba de forma muy independiente del director. Hacía una escena a su manera, como una película dentro de una película. Su trabajo en *Wonder Bar* y en *In Caliente* fue algo maravilloso. Tomaba a un

CON RICARDO CORTÉS
EN *WONDER BAR*.

grupo de bailarinas y bailarines y los convertía en piezas de un espectáculo; en parte de un inmenso juego. Algo muy especial y muy espectacular. Pero lo increíble es que los bailarines no perdían, sobre todo ellas, su sensualidad.

—¿Busby las enseñaba a bailar?

—Acaso al comienzo de su carrera. Luego, cuando ya era famoso, tenía a maestros de baile que ponían los números, luego él ponía esos números dentro de la idea espectacular. Era un hombre fuerte, no era lo que solemos entender como un bailarín.

—Usted está extraordinaria en *Wonder Bar* bailando el tango, cuando apuñala a Ricardo Cortés.

—El director era Lloyd Bacon y él dirigió los primeros planos y los gestos, cuando ya está herido Ricardo. Pero los pasos de baile creo que nos los puso Busby, a pesar de que estaba dirigiendo las complicadísimas escenas del número que desarrolla en el bar, cuando los meseros preparan bebidas al ritmo de la música. Otro número coreográfico de Busby, que pienso es genial, es el titulado *Mujer en rojo*, de *In Caliente*. Debiera usted de verlo atentamente. Es un prodigio, una obra maestra de Busby.

–¿Cómo era?

–Fuerte, moreno, concentrado. A algunos críticos les disgustaba que manejara a los bailarines como piezas de ajedrez, le reprochaban su coreografía tan exacta. Era muy meticuloso. Cuando lo conocí estaba comenzando su carrera en Hollywood, creo que *Bird of paradise* era su tercera película como encargado de los números musicales.

–La quinta.

–Después se lo disputaban. Había nacido a finales del siglo pasado.

–Sin embargo, el número que aparece en las películas de usted que más llamó la atención no lo dirigió Busby Berkeley.

–Usted se refiere a *Flying down to Rio*, cuando las bailarinas hacen sus números sobre las alas de los aviones. Si fue un suceso; se habló de ese musical durante años. A mí, mucho después, me seguían preguntando cómo habían podido filmar todo ese ballet aéreo. Todo fue un truco, lo más difícil para las chicas es que les lanzaban con grandes ventiladores un viento muy fuerte que les daba en el rostro, para que pareciera que iban volando. Fue una película que se hizo famosa. La gente bailaba la *Carioca* frente contra frente. Se suponía que era un baile brasileño. Yo tenía una escena bailando con Fred Astaire, que era fantástico.

–¿Qué recuerda de Fred Astaire?

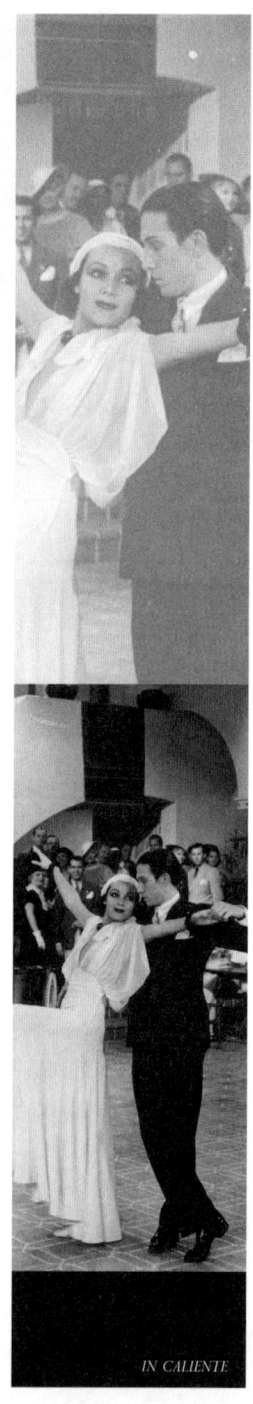

IN CALIENTE

DOLORES Y FRED.

—Siempre se estaba moviendo. Le pedía el director que entrara en una habitación despacio, y él entraba corriendo. Todo lo tenía que hacer corriendo. Para empezar a bailar se arremangaba el suéter, como quien empieza un trabajo. En esa película recuerdo cómo está a punto de arremangarse el esmoquin.

—El número *Gardenias a la luz de la luna* causó sensación.

—Es cierto. Cuando yo entraba en un cabaret, la orquesta interrumpía lo que estaba tocando para empezar Gardenias a la luz de la luna.

—Decíamos que, sin embargo, esos espectacularísimos bailables no los dirigió Busby. Fueron obra de otro coreógrafo, Dave Gould.

—El argumento de la película *Volando a Río* era muy tonto. Recuerdo que uno de los dos enamorados del personaje que yo hacía se tiraba en paracaídas de un avión, para que yo me pudiera casar con su amigo.

—Sí, resulta divertido. Pero las melodías aún son irresistibles. Con *Carioca* el filme ganó un Oscar a la mejor canción.

—¿Qué otra cosa recuerda de *Volando a Río*?

—Que yo me había cortado el pelo y que me maquillaron para que pareciera muy morena, que así se imaginaban a las brasileñas.

—En esa película está usted especialmente hermosa.

—Gracias.

HA LLEGADO LA HORA DE BAILAR

"LA VERDADERA BATALLA DEL CINE LA LIBRABAN LOS DISEÑADORES DEL VESTUARIO."

NATASHA RAMBOVA

El destino tardó algo en hacerse presente, pero llegó: la muchachita que bailaba a Albéniz y Manuel de Falla en las reuniones sociales del D.F. se ha convertido en una estrella de la danza. Es cierto que no tiene el espíritu gimnástico de Ginger Rogers, pero también lo es que se mueve con más gracilidad que nadie y que en cada actitud envía un mensaje erótico inconfundible.

La RKO la hará bailar en los tres filmes contratados y que se estrenan en este orden en Nueva York: *The girl of the Rio* (día 9 de enero de 1932), *Bird of paradise*

(día 10 de julio de 1932) y *Flying down to Rio* (día 22 de diciembre de 1933.)

En cada uno de ellos Dolores tendrá su momento dancístico, envuelta siempre en un vestuario revelador que daría noticia del gran diseñador que habían llamado a colaborar.

Para el filme *Flying down to Rio* (*Volando hacia Río* o *Volando a Janeiro*) contrató la productora a Walter Plunkett, un famoso, sofisticado y elegante californiano de treinta y un años que vigilaba muy de cerca que sus vestidos aparecieran sin arrugas y para ello usaba un curioso artefacto que mantenía a las actrices, mientras no trabajaban, en una posición inclinada sobre una tabla recubierta de tela. Autor del vestuario de más de doscientos filmes, diseñó no sólo los modelos para Dolores, sino también los de Ginger Rogers y los de todos los bailarines del número titulado *Carioca*.

Para la escena del baile con Fred Astaire, Walter ideó un vestido de larga cola del que sobresalían multitud de volantes, que ayudaba a dar aún más movilidad a Dolores, que llevaba los brazos al descubierto.

Durante los años treinta los diarios y revistas atendieron con gran interés a los modelos que exhibían las estrellas en sus películas y aún en su vida privada. Dolores significaba, en un mundo en el que abundaban los excesos, un buen gusto y moderación indudables, muy al contrario de su amiga Marlene Dietrich, que podía aparecer en una fiesta con un traje de hechura masculina, corbata y sombrero de fieltro.

Conocedora de la delicadeza de sus hombros, procuraba la mexicana mostrarlos y también dejar libres los brazos, que eran delgados y flexibles.

A pesar del creciente interés hacia las modas en el cine, la Academia no decidió entregar un Oscar al mejor vestuario hasta el año 1948, en el que premió la ropa de Hamlet, para el año siguiente conceder el Oscar a los trajes de *Juana de Arco*. Fue hasta 1951 cuando atendieron al vestuario contemporáneo de *Un americano en París*, que en parte había ideado, justamente, Walter Plunkett.

Una lucha constante de Dolores contra los diseñadores de ropa para sus filmes se producía por la absoluta indiferencia de muchos de ellos por cuidar la autenticidad en el detalle. Los trajes de mexicana o española que solían proponer eran en la mayor parte de las ocasiones retocados por la propia actriz, a quien indignaba que "estando tan cer-

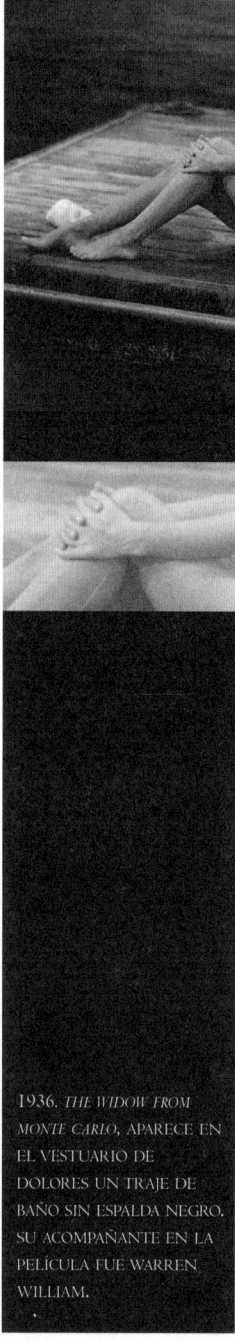

1936. *THE WIDOW FROM MONTE CARLO*, APARECE EN EL VESTUARIO DE DOLORES UN TRAJE DE BAÑO SIN ESPALDA NEGRO. SU ACOMPAÑANTE EN LA PELÍCULA FUE WARREN WILLIAM.

ca de México no se supiera nada de México".

Fueron los vestuarios que aparecían en las películas que Hollywood hacía con ambiente mexicano los que despertaban los más agrios comentarios de la crítica mexicana, pero que en muy pocas ocasiones merecían reparos de los críticos de Nueva York, quienes pensaban que "la mejor realidad era la que Hollywood se inventaba".

El guardarropa de Dolores era tan amplio como una *boutique*, y el hecho es que Cedric, al diseñar la nueva casa del matrimonio, incluyó toda una amplia habitación recubierta de armarios para vestidos y zapatos. En una época de excesos, los equipajes de Dolores cuando emprendía un viaje eran famosos. En 1936, cuando se fue a Inglaterra a rodar una película, sus maletas conformaban una montaña, según los reportajes de la época.

Sin embargo, el insistente enamorado que fue Edwin Carewe sostenía que la mejor forma de vestir a Dolores era dejando su espalda desnuda.

Y lo cierto es que la espalda de Dolores

fue un elemento constante en sus películas y aun en algunas de ellas motivo de escándalo o de asombro. En *The Bad One* exhibía un vestido negro que no sólo dejaba ver la espalda, sino que se abría por los costados exhibiendo lo que podríamos llamar un "escote lateral" muy pronunciado. El traje de baño que le diseñaron para *Widow from Monte Carlo* mostraba también la espalda y todo el vestuario de *Bird or paradise* sencillamente no tenía siquiera tirantes.

Parece ser que el modista Adrian Banton llegó a afirmar que la espalda de Dolores era tan "expresiva como su rostro".

Fue por cierto Adrian quien creó para Marlene Dietrich un vestido hecho con plumas de aves del paraíso que fue secuestrado por agentes del gobierno, ya que estaba prohibida la captura y muerte de esa ave.

EL LARGO VUELO DE LA PALOMA

"EN HOLLYWOOD SÓLO EXISTE UN ARGUMENTO, QUE PASA DE UNA PRODUCTORA A OTRA SIN PERDER ACTUALIDAD Y GANANDO CADA VEZ MÁS."
ATRIBUIDO A SCOTT FITZGERALD

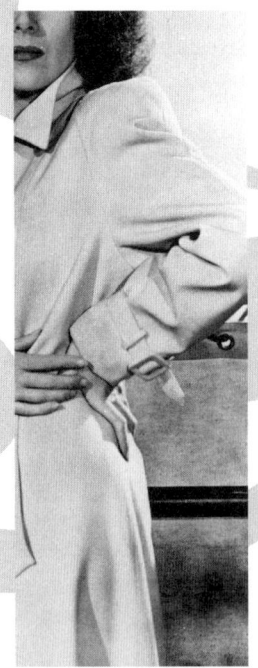

Dolores recordaba muchos años después ese modelo que, decía, había costado casi cinco mil dólares.

Si no me he perdido en la aventura de registrar el viaje de esta paloma, la historia se inicia cuando a mediados de los años veinte se estrena en Broadway una comedia titulada *The dove*, escrita por Willard Marck y que da lugar a una novela editada por capítulos de Gerald Beaumont.

El argumento se sitúa en México, donde una bailarina conocida como Paloma se enamora de un joven y con ello despierta los celos de don José, un personaje rico y poderoso. Para eliminar al rival, el viejo y estrafalario rico inventa un crimen. Cuando los enamorados quieren huir son atrapados y condenados a muerte. A punto de ser fusila-

1932. *THE GIRL OF THE RIO*, CON STANLEY FIELDS Y LEO CARRILLO.

dos, don José, se arrepiente. Para no despertar la furia de las autoridades mexicanas que ya por entonces cuidaban de que el cine de Hollywood no denigrara al país, la historia fue supuestamente instalada en un país mediterráneo, aun cuando esto fuera inconcebible, dado los vestuarios de los actores.

En 1926 la United Artists compra el argumento y el día 7 de enero del año siguiente comienza el rodaje con Norma Talmadge como protagonista, a las órdenes de Joe Schenck, un personaje esencial en la productora mencionada.

Norma aparecía como una señorita que tocaba la guitarra y el actor cómico Noah Berry como el caballero mexicano vestido con una curiosa ropa de torero. El éxito de *The dove* (*La paloma*) se volvió a repetir y en 1932 la RKO compra los derechos y encarga a Herbert Brenon que conforme el reparto alrededor de Dolores.

Para el papel de villano con el corazón de oro fue llamado Leo Carrillo, un californiano que se iniciaba en los papeles de mexicano de fino bigote y sonrisa presta que fueron, hasta su muerte en 1961, su especialidad.

Para el papel del novio se contrató a un hombre que estaría luego muy ligado al cine de México: Norman Foster, director de muchos filmes.

Dolores, convertida en bailarina de cabaret, tenía su número importante que, definitivamente, era el centro de un ridículo argumento curiosamente muy admirado por la gente del cine, hasta el punto de que siete años más tarde se volvió a filmar la misma historia con Steffi Duna en el papel de la Paloma y Leo Carrillo repitiendo el papel de Don José. En ese tiempo Dolores se sentía sola y llamó a su prima Andrea Palma para que la acompañara durante el rodaje. Entre los extras se encontraba Emilio "El Indio" Fernández. La película fue recibida en México con indignación, ya que los personajes y la historia distorsionaban la realidad del país y muchas personas reprocharon a Dolores, todavía muy lejos de su época mexicanista, que hubiera aceptado el papel.

Estrenada como *The girl of the Rio*, la paloma vino a decirnos que no era el pájaro de la paz. El gobierno mexicano protestó por la manera en que era mostrada la forma de funcionar la justicia en el país. Frente a la insensibilidad de Hollywood a la hora de representar a sus vecinos, se establecía ya en toda Hispanoamérica un clima de susceptibilidades en ocasiones tan extremas como la propia falta de conocimientos que directores y guionistas californianos tenían de un país situado a dos pasos. Dolores fue víctima de esta pelea y se le reprochó que trabajara al servicio de la mala fama que se le hacía constantemente a México en Estados Unidos.

Los problemas que *La paloma* o *The girl of the Rio* trajeron a la actriz se reflejaron más tarde en su mexicanismo beligerante que bien parecía una revancha largamente esperada.

Para hacer disminuir el escándalo de esa *Paloma* antinacionalista los distribuidores de los filmes de Dolores hicieron publicar en el Distrito Federal gacetillas en las que se afirmaba que con *La paloma* se iniciaba una época de mexicanidad en la vida de la actriz. En abril de 1992 *El Universal* publica: "Dolores del Río inició su obra de mexicanismo haciendo *La paloma*, que es una película en la que hace el papel de una bailarina en una población de frontera."

El Departamento central no entendió el filme como un elogio a la nación mexicana y retiró del cine Regis la película por considerarla denigrante. Esto ocurrió en el mes de mayo.

EL AVE DESNUDA (1932)

"ENTRE LAS MUCHAS MANERAS COMO SE ME CONOCÍA EN HOLLYWOOD, UNA DE ELLAS RESULTABA MUY DIVERTIDA. ME LLAMARON 'FRUTA TROPICAL'."

DOLORES DEL RÍO

Bañarse con los senos al aire, después de las grandes fiestas y en la noche, fue cosa que hicieron muchas estrellas, pero antes de este acto nudista era habitual que se expulsara del lugar a los fotógrafos.

Dolores fue más lejos al desnudar sus pechos en una escena memorable y bella que retrató puntualmente la cámara de Clide de Vinna, el fotógrafo de *Ave del paraíso* (1933). Los baños en el cine eran un juego al filo de la navaja, ya que podían ser o bien un escándalo atractivo para la pantalla o un gesto criticado por la censura que moviera a muy severas organizaciones morales de diversas religiones, que se unían a la hora de la protesta.

El fotógrafo resultaba esencial para sugerir y no mostrar, y en ocasiones el público veía solamente lo que quería ver. Cuando el director King Vidor sugirió que para dar una cierta fuerza a una película carente de atractivos sería oportuno filmar una escena de baño con Dolores y el actor Joel McCrea en las aguas paradisiacas de las islas del sur, se recordó cómo muchos filmes habían triunfado, curiosamente, no por sus verdaderos valores sino por la secuencia del baño.

Cecil B. de Mille era un experto en el tema, ya que en el lejano año 1919 había creado en *Macho y hembra* una escena en la que Gloria Swanson recibía una esponja de una sirvienta para enjabonarse dentro de un suntuoso baño de mármol. Siguiendo esta primera experiencia, Cecil fue bañando, una por una, a todas sus estrellas, incluso las masculinas.

Vidor sabía lo que pedía, ya que un año después una película checa, en la que una muchacha desnuda perseguía a su caballo que se había llevado su ropa después de un baño, hizo famosa en el mundo entero a Hedy Lamar la protagonista de *Éxtasis*.

También en el mismo año de 1932, Mirna Loy iniciaría en *Barbarian* la larga serie de baños en los que las flores que flotan en el agua se convierten en providenciales aliadas de la moral.

Dolores aceptó interpretar la secuencia, en la que nada de forma tan sensual que hace del baño uno de los momentos más singulares y bellos de su carrera. Sin duda la escasa significación del filme ha impedido que esta secuencia inolvidable haya entrado en la mi-

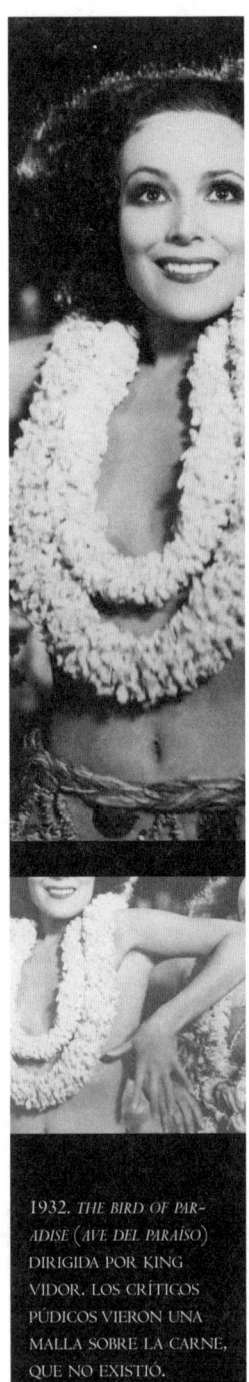

1932. *THE BIRD OF PARADISE (AVE DEL PARAÍSO)* DIRIGIDA POR KING VIDOR. LOS CRÍTICOS PÚDICOS VIERON UNA MALLA SOBRE LA CARNE, QUE NO EXISTIÓ.

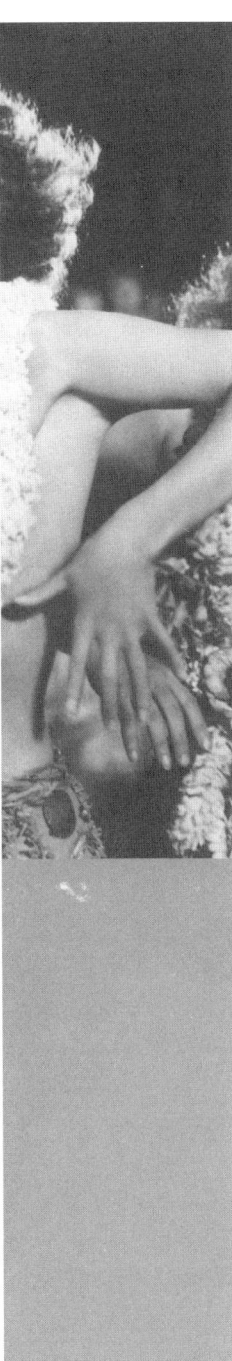

tología de Hollywood. King Vidor cuenta en sus memorias la asombrosa historia de *The Bird or paradise*, argumento muy alejado de los que al propio Vidor parecían interesarle (él se decía especialista en "guerra, trigo y acero").

Confiesa también que cuando el productor David Selznick le entregó el libreto de una comedia que había triunfado en Broadway, la devolvió confesando que no había podido llegar ni al final del primer acto, tan mala le pareció. Pero tampoco Selznick la había leído. Así, sin conocer director ni productor el argumento de *Ave del paraíso* se inició el filme, cuya historia fue escribiéndose mientras se rodaba. Selznick tenía una razón importante para que la película se hiciera rápidamente. El contrato con Dolores estaba a punto de terminar y ella quedaría libre.

El productor le había dicho a King que todo lo que quería era una serie de bellas escenas de amor y que al final Dolores fuera lanzada al fondo de un volcán en erupción. Cuando Dolores llegó a Honolulú fue a enterarse de que el guión prácticamente no existía y que, a pesar de ello, la filmación se iniciaría dos días después.

Ella recordaba que por no haber nada "supe que en la playa en la que íbamos a rodar no había cocoteros. Eso lo arreglaron los encargados de la escenografía trayéndolos de otras islas y plantándolos en donde Vidor quería. Pero una tormenta los derribó".

De cualquier forma y sobre un argumento demencial, la escena de amor en el baño fue bella y convincente, en la que una Dolores con los pechos libres, ligeramente velados por un agua discreta, venía a decir, una vez más, que tenía un cuerpo de una línea nunca conocida entre las más bellas mujeres del cine.

Acaso convenga decir que la historia narraba cómo una joven nativa se enamoraba de un marinero estadunidense y el padre de ella prohibía el romance, ya que estaba designada para ser la esposa de un joven guerrero isleño. Al negarse a abandonar al extranjero, la muchacha era condenada a morir en el fondo del rugiente volcán.

He podido ver fotografías de la puesta en escena de la pieza teatral *The Bird or paradise*, de Richard Walton Tully, en el año 1912 en Nueva York y puedo decir que la escenografía y los figurines eran aún más insólitos que en el filme. El papel de princesa Luana lo hizo la actriz Laurette Taylor y trabajaba un gran actor que luego pasó a Hollywood: Lewis Stone. Los programas del estreno señalaban la presencia del volcán Mount Kilauea.

La película se estrenó en México el 10 de noviembre de 1932 en el Palacio. Me informaron que la secuencia del baño fue suprimida o recortada.

Que la escena del baño produjo sensación es inocultable, e incluso más tarde cambió la vida de la propia Dolores, ya que dio motivo al también volcánico amor de Orson Welles por la mexicana. Según contaba Orson, vio la película cuando tenía diecisiete años y no había podido olvidar a esa mujer que "iba más desnuda que ninguna otra que yo hubiera podido ver en el cine en esos años".

Pero esta será una historia para más tarde.

En México, el ya muy frágil prestigio social de Dolores fue destruido por la historia del baño en las islas del sur. Sobre todo porque la imaginación popular exageró la desnudez y aun las incidencias amorosas alrededor del baño y la película a ser considerada como extremadamente inconveniente por la iglesia y por las familias tenidas por honorables.

Dolores, una vez más, parecía dispuesta a escandalizar, de una forma curiosamente circunspecta, a su propio país.

Sin levantar la voz, ocultando su vida privada, hacía lo que le parecía conveniente hacer. Las familias de las que provenía se asombraban cada vez más ante esa mujer de aspecto delicado y de vigorosas decisiones.

LA HISTORIA DEL AVE

"TODOS ÉRAMOS GENTE RESPONSABLE, PERO EL ARGUMENTO ERA PRODUCTO DE LA MÁS GRANDE IRRESPONSABILIDAD."

DOLORES DEL RÍO

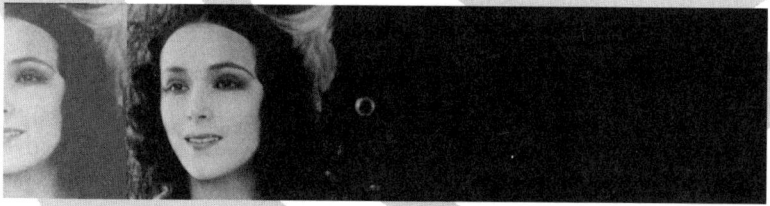

Rompiendo la intención inicial de no dar demasiada importancia en este libro a los guiones en los que se basaron las películas de Dolores, decido dedicar un capítulo a *Bird or paradise* que vi en moviola entre impresiones tan distantes como el regocijo, la admiración y el asombro. Esta es una confiable relación de secuencias.

Llega un barco con marineros estadunidenses a una isla del Sur. Los nativos reciben a los tripulantes entre muestras de alborozo, acercándose en sus canoas. Una nativa muy bella, llamada Luana llama la atención de Johnny, un joven tripulante. Reciben en la isla a los recién llegados. Se realiza una danza que encanta y sorprende a los marinos estadunidenses. Al final los nativos toman en brazos a las jóvenes y se las llevan, una tras otra. Johnny intenta llevarse a Luana. Pero Luana es tabú. Johnny se entera de que Luana es la hija del cacique y está destinada a apaciguar las iras del volcán.

Johnny y Luana tienen una larga escena submarina en la que nadan juntos. Un letrero anuncia que ha llegado el pez volador, invitando a toda la aldea a pescarlo. Johnny va en su lancha y Luana se acerca a él, y tomando con los dientes la cuerda que ata a la lancha la va remolcando hasta la playa.

Luana lleva a Johnny hasta un lugar de la selva en la que existe un auténtico lecho de orquídeas. Hace que el marino se tumbe sobre ellas y lo besa. Él se comporta tímidamente. De pronto los enamorados se ven rodeados por guerreros de la tribu que azotan a la muchacha y amenazan a Johnny.

Una indígena gorda, mediante un curioso sistema de símbolos con palitos sobre la arena, consigue que Johnny entienda que ella tiene que casarse con un príncipe local y que luego será entregada al volcán.

En la aldea se lleva a cabo una ceremonia. Luana bebe un líquido y baila sensualmente en el centro de un círculo de fuego. Johnny, ayudado por la indígena gorda, llega hasta el lugar de la ceremonia, embadurnado para no parecer un blanco.

Pero lo persiguen, lo atrapan y lo atan a una palmera. La indígena gorda, que se ha convertido en su protectora, lo desata, pero le advierte por señas que Luana es tabú. El príncipe que será el marido de Luana contempla cómo ella baila, se ve la espalda desnuda de Luana, que viste una falda y un collar de flores solamente. Johnny salta dentro del círculo de fuego y se roba a Luana, con ella en brazos escapa. Es perseguido pero ambos consiguen llegar a una pequeña isla cercana. La isla escondida, llamada Lani, es un paraíso. Visitan una cascada, toman plátanos y él sube a una alta palmera y deja caer cocos. Tumbados en el césped beben agua de coco y se abrazan. Llueve sobre ellos. Sale la luna, pescan, tienen ya una cabra.

Pero un día el volcán se enfada.

Ella le pregunta qué es la civilización. Aprendió a hablar en inglés. Él le habla de los restaurantes de Nueva York y de las delicias de la civilización, pero ella se duerme. El volcán lanza humo y llamas. Luana se aterra. Suenan los tambores. Los guerreros del poblado llegan en busca de la muchacha y se la llevan mientras el estadunidense estaba pescando en el mar.

LA JOVEN NATIVA Y EL MARINERO DE NUEVA YORK AMENAZADOS POR LAS TRADICIONES TRIBALES. ÉL ES JOEL MC CREA.

Él la busca, desesperado. Ellos la llevan en sus canoas. Él la sigue en su lancha y entra en un impresionante remolino que lo envuelve y lo zarandea. Por fin consigue salvarse, llega a la isla grande y se encuentra con un enorme río de lava. Consigue saltarlo ayudándose con unas lianas. En el poblado por la noche, se acerca a Luana, pero un guerrero lo descubre y lo hiere con una lanza en un hombro. Luana está atada a un poste y junto a ella atan también a Johnny.

Ambos consiguen acercarse el uno al otro y se besan. Saben que ambos van a morir y Johnny le enseña a Luana a rezar el padre nuestro, que ella repite palabra por palabra.

Fiesta en la aldea: asan un cerdo, tocan los tambores. Los llevan atados en largas tablas, el centro de la fiesta. Pero ha llegado el barco que viene a recoger a Johnny y los marinos lo salvan.

Johnny está herido y grave en el barco. Ella le da de beber y luego muerde una fruta y se la hace comer, pasándola de boca a boca.

Pero ella quiere volver para cumplir con su obligación de entregarse al volcán. Si no lo hace, Johnny morirá. Los compañeros del marino quieren convencerla de lo contrario. Pero la tradición vence. "Esa es mi gente". Y se lanza al agua para que la entreguen al volcán. Fin.

FLYING DOWN TO RIO

"TODO LO QUE NECESITO SON DOS ZAPATOS Y UNA CHISTERA."

FRED ASTAIRE

Ginger Rogers y Fred Astaire conformaban el polo opuesto a Dolores cuando de bailar o actuar se trataba; el dinamismo atlético de la pareja, su ritmo juvenil y la técnica del zapateado, a lo que se podría añadir un sentido humorístico de la danza, nada tenía que ver con la ondulante gracia de Dolores, inspirada en la escuela española de baile, que le permitía gestos de un señorío garbosos, y pasos medidos, pero de un erotismo indiscutible

Unir a estas tres figuras fue una eficaz idea de la RKO, que eligió una historia que permitiera el ritmo americano y el temperamento y la música latina.

Esta intención de enfrentar a las dos culturas en un duelo divertido y respetuoso para ambas partes lleva al filme a situar, frente a frente, a una orquesta brasileña y a un conjunto de jazz y, ya en la cumbre de este apareamiento musical, Dolores y Fred Astaire bailan juntos.

El argumento importa poco, incluso no importa nada. Pero el grupo encargado de poner en marcha la historia aprovecha todas las ideas, incluso el hecho de que el héroe sea un aviador, para sacarle partido. Y surge un número dancístico que se hizo famoso: las coristas bailan sobre alas de aviones en pleno vuelo.

Es curioso cómo para crear esta película tan superficial se haya reunido a un grupo de personas con talento. Los decorados eran de Van Nest Polgrase, un excelente artista al que el alcohol fue apagando.

El vestuario de Dolores fue creado por Walter Plunkett y la coreografía era de un ingenioso especialista: Dave Gould.

La película tuvo curiosas repercusiones; hizo famosa la canción *Carioca,* que sonó en todo el mundo durante años y lanzó a la fama a las dos figuras secundarias: Ginger y Fred.

El guión ofrecía pintorescos disparates, como la secuencia en la que uno de los dos enamorados de Dolores, el brasileño, advierte que ha perdido la partida y renuncia a la bella.

Como todos van viajando en un avión, el derrotado acepta que ya nada tiene que hacer por conseguir a Dolores y se lanza en paracaídas. El vencedor admira el gesto del derrotado y mientras el paracaídas se abre besa a su amada en pleno vuelo.

Algunos de los chistes visuales eran divertidos; la pareja principal tiene que aterrizar en una supuesta playa desierta, porque el aparato en el que viajaban se ha estropeado. Entonces aparecen unos negros detrás de unas matas. Dolores grita aterrada. Pero son los ayudantes del campo de golf cercano que buscan una pelota perdida.

El eje de la película es el número musical *Carioca,* uno de los más largos de cuantos se han filmado. Dave Gould, el coreógrafo, usó un numeroso equipo de bailarines, cantantes y efectos, como una gran mesa giratoria en cuyos extremos se situaban varios pianistas. Ginger Rogers y Fred Astaire dieron al ritmo brasileño un aire estadunidense de un dinamismo extraordinario.

Dolores no aparecía durante todo este largo espectáculo injertado en la película sin razón aparente, pero quedaba relacionada para siempre con *Orchids in the moonlight*, que cantaba Raoul Roulien. La canción, que aún sigue sonando y que fue famosísima en su época, se ofrecía hábilmente por fragmentos hasta la escena en que se revelaba su letra. *Orquídeas a la luz de la luna* era una nueva ocasión de mostrar a Dolores, ahora con el pelo corto y vaporosamente vestida, coqueteando en su papel de Belinha de Rezende, la chica brasileña que quiere divertirse antes de comenzar a tener "miles de hijos".

La película, que significó el lanzamiento de Fred y Ginger, fue seguida al año siguiente por *Gay Divorce*, un filme en que el mismo coreógrafo, Dave Gould, lanzaría a la popularidad otra canción inolvidable: *Continental*. Fred y Ginger ocuparían ya los primeros lugares del reparto. La primera aparición de Fred en *Volando a Río* y por tanto en el cine no es, curiosamente, en una escena de baile, sino en una en la que toca el acordeón.

Dolores va a aparecer en colores gracias a los avances de las nuevas técnicas del sistema *technicolor* que se habían venido desarrollando. La famosa escena de *Orquídeas* aparece filmada en colores por un sistema que se llamó "entintado".

La crítica posterior señaló que la película ofrecía de alguna forma un mensaje liberal en su tratamiento de los elementos raciales. La canción *Carioca* es cantada, sucesivamente por un mulato, un blanco y un negro.

De cualquier forma, la presentación de los personajes brasileños bien podía resultar hiriente para los quisquillosos: eran tipos cómicos, pintorescos y nada serios.

El mismo personaje de Dolores venía a significar una apertura en las costumbres y gazmoñas de una familia brasileña que se mostraba como severamente tradicional.

Dolores, pelo negro y ojos fuertemente maquillados terminaba en brazos del rubio estadunidense, mientras el millonario brasileño con el que estaba comprometida se lanzaba al aire. La evocadora música de *Gardenias a la luz de la luna* ha inspirado a varios escritores. El propio Carlos Fuentes titula así una obra de teatro.

WONDER BAR (1933)

"A BERKELEY LE ES MUY DIFÍCIL SEPARAR A LOS ACTORES DE LAS COMPARSAS, A DOS BAILARINES DEL RESTO DE LOS ELEMENTOS QUE COMPONEN EL NÚMERO MUSICAL."

MANUEL LOMBARDO CONZÁLEZ

MOMENTOS DESPUÉS EL DOMADOR MORIRÁ. *WONDER BAR*

En los años 1934 y 1935 la First National reúne a dos grandes creadores de comedias musicales: Lloyd Bacon y Busby Berkeley, para hacer unos espectáculos con Dolores del Río. Estos filmes se convierten en la apoteosis de la danza, del baile que mueve irresistiblemente al espectador en su butaca. No importa el argumento de las películas, sino el momento en que suena la música y se pone en marcha el estudiado y sugestivo número musical.

Esas películas fueron *In Caliente*, *Por unos ojos negros*, *Wonder Bar*, (*Cabaret trágico*), esta última estrenada en Nueva York el primero de marzo del 34 y en México el 21 de junio del mismo año.

Wonder Bar partía de una comedia musical estrenada en Londres en 1930 y llevada a Broadway al año siguiente.

El escenario mostraba un cabaret en el que un público de figurantes contemplaba un espectáculo musical, en el que intervenía en ocasiones. El momento culminante era un baile entre Inés (Dolores) y Harry (Ricardo Cortés) en el que éste azotaba con un látigo a su compañera hasta que ella termina por hundirle un puñal en el cuerpo y lo mata. Un número supuestamente "latino" inspirado en los llamados bailes apaches de París.

Para el estreno de *The Wonder Bar* los productores teatrales consiguieron llevar a Nueva York a Al Jolson, el judío que con el rostro pintado de negro había conmovido a todos en el año 1927 interpretando el filme *El cantante de jazz*.

La First National recuperó a Jolson para el cine cuando compró los derechos de *The Wonder Bar*.

Junto a él, que ocupaba el primer lugar en el reparto, estaban Dolores, Ricardo Cortés, Kay Francis, Dick Powell y muchos más.

En ambas películas las principales canciones habían sido confiadas a dos muy importantes autores, Al Dubin y Harry Warren, que compusieron melodías que serían famosas, entre ellas, *Muchacha*.

MUCHACHA

"EN ESAS PELÍCULAS EL PÚBLICO SALÍA DEL CINE CANTANDO LAS CANCIONES PERO SE HABÍA OLVIDADO DEL ARGUMENTO."
DOLORES DEL RÍO

1935. *I LIVE FOR LOVE* CON EVERETT MARSHALL.

In Caliente tenía varios números de muy difícil olvido, entre ellos *Muchacha* y *La dama en rojo*; este último era un prodigio de coreografía y precisión, y no se entiende bien cómo no ha entrado en la mitología popular del musical fílmico. Berkeley mueve a sus actores, bailarines y figurantes con una maestría y un ritmo verdaderamente admirables.

En este mundo sofisticado y absurdo, Dolores pone la nota de elegancia, un poco ausente, que contrasta con las intervenciones de sus compañeros de trabajo, en la línea de actuación ligada al "comportamiento tradicional americano". Pat O'Brien, lento y grande, y Leo Carrillo, irremediablemente simpático, quedan opacados no tanto por la actuación de la mexicana, sino simplemente por su presencia.

La pareja de bailarines Los Marco y el cuarteto musical Familia Casanova ponían el acento mexicano, ya que la historia se desarrolla en la frontera.

In Caliente no existiría sin la música de un grupo de compositores con talento y los bailables de Busby.

La canción *Muchacha*, interpretada por el cantante Phil Reagan y la propia Dolores (arropados por un buen coro), se grabó en disco aprovechando la versión fílmica y obtuvo un gran éxito popular. En México fue recuperada por el Instituto de conservación y recuperación musical en los años noventa.

Dolores, por cierto, ya era un éxito en el mercado discográfico después de *Ramona* (1928) y esto llevó a que fuera imitada. Lupe Vélez grabó *Mi amada*, canción de la película *The Volf Sons* de 1929.

Busby Berkeley había codirigido su primera película en 1933, y en 1935 la Warner Bros. le propone la tercera, *I live for love* (*Vivo para amar* o también *Vivo para el amor*), con un largo reparto encabezado por Dolores y Everet Marshall.

Se dijo que Busby usó en *Wonder* cincuenta columnas móviles que "le habían sobrado de una película anterior". Por lo general, en este tipo de filmes se empleaban alrededor de cincuenta escenografías, pero el problema de los escenógrafos con Busby es que tenían que estar al servicio de los complejísimos movimientos dancísticos que se le iban ocurriendo.

LA PELUCA BLANCA (1935)

"EN EL CINE TODAS LAS REINAS TERMINAN MAL, Y LAS PRINCESAS BIEN."
GROUCHO MARX

La fascinación de Hollywood por los reinados europeos, con todas las posibilidades que ofrecen los grandes salones, los bailes, los uniformes y las coronas, ha dado multitud de filmes, en la mayoría de los cuales la historia era brutalmente tratada.

En el año 1934 Joan Gardner hizo de *Catalina la Grande* y Marlene Dietrich apareció con un inmenso gorro de piel blanca en *The Scarlet Empress*; un año antes Greta Garbo había sido *Cristina de Suecia* y Charles Laugthon, *Enrique VIII*. Claudette Colbert fue más lejos: interpretó a *Cleopatra*.

Le había llegado a Dolores la hora de entrar en la historia; le propusieron hacer de *Madame Du Barry*. Los estudios Wagner enviaron a la casa de la estrella un paquete con informaciones diversas sobre el personaje. Incluyeron,

LA GUERRA DE LAS PELUCAS BLANCAS. *MADAME* SABE PELEAR.

LA MORENA TRADICIONAL ADQUIERE PELUCA BLANCA Y UN LUNAR QUE IRÁ CAMBIANDO DE POSICIÓN. *MADAME DU BARRY*.

también algunas fotografías de cómo Pola Negri había caracterizado a la condesa en la versión de 1919, dirigida por Ernst Lubitsch.

Esta película muda había sido un éxito de taquilla y convertido a Pola en una figura aclamada mundialmente; tenía fama de haber sido creada con gran verosimilitud y la escena de la ejecución de Madame había quedado como un ejemplo de realismo dramático. De nuevo Dolores seguía la huella de Pola; después de *Carmen* caracterizaría a la Du Barry, una mujer de la cual Voltaire dijo que había sido creada para los dioses.

En 1934 Dolores había cumplido los treinta años, lo que la colocaba a la mitad de la conflictiva vida de Madame Du Barry, quien a los veintiséis años era ya la favorita de Luis XV y a los cincuenta terminaba en la guillotina.

Para intentar superar a la ya mítica película de Lubitsch, que fue rodada en Alemania, contrataron a un alemán, William Dieterle, que terminaría siendo un curioso creador cosmopolita, trabajando en numerosos países.

Dieterle había aparecido como actor en otro filme histórico: *El gabinete del doctor Caligari*, tenía por entonces 41 años e iniciaba su carrera en Hollywood.

LA PELUCA BLANCA (1935)

En cuanto a la mexicana, la experiencia resultaba excitante; pero pasar de los filmes musicales a la corte francesa del mil setecientos podía ser un salto fatal. El público ya tenía una imagen de Dolores muy difícil de cambiar, pero la Wagner parecía haberla elegido "porque no había otra mujer más bella en el cine".

Aun cuando en el guardarropa de Wagner Brothers Productions se guardaba un amplio vestuario de la época, los trajes complicados y pesados de Dolores fueron hechos cuidando los detalles y acudiendo a grabados de la época. Curiosamente, ella misma fue a descubrir que las pelucas blancas, tan características del reinado de Luis XV, la favorecían.

El reparto, numeroso, venía a conformar toda una página de la historia de Francia curiosamente interpretada por un equipo internacional: Luis XV (el actor Reginal Owen, un inglés especializado en personajes de época); Richelieu (Osgood Perkins, un actor de carácter que acababa de aparecer en el filme *Scarface*); María Antonieta (la actriz estadunidense Anita Loos, que iniciaba una larga carrera); como D'Aiguillon estuvo a cargo el canadiense Victor Jory, quien hizo de villano en muchos filmes. A estos añádase la nacionalidad del director y de la estrella.

Freeland Rhornton era uno de esos eficacísimos directores que el propio oficio fue haciendo lenta pero formalmente, de tal manera que parecía, según Dolores, no ignorar nada de cuanto el cine comercial pudiera ofrecer. Había sido ayudante de camarógrafo, trabajó junto a Griffith y Lubitsch y se había hecho un cierto nombre dirigiendo musicales y comedias.

Su negocio, desde su retiro en Inglaterra, consistía en contratar, pagándoles muy bien, a las figuras que ya había hecho populares Hollywood, ofreciéndoles un trabajo sencillo y una estancia apetecible en Inglaterra.

Tenía sesenta y dos años y Dolores guardaba un buen recuerdo de los días en los que trabajaron juntos.

Nadie pretendió, ni siquiera Freeland, que harían un filme importante.

En México se estrenó el día 15 de diciembre de 1936, época poco afortunada, con muy poca publicidad, coincidiendo con una nueva versión de *Ramona* interpretada por Loretta Young y Don Ameche, en colores.

El tiempo parece señalar la recuperación de Hollywood como la gran fábrica de filmes y una evidente decadencia de Dolores, lo que tiene repercusión en su popularidad en México.

Es el año de los cantantes nacionales que arrastran multitudes: Jorge Negrete triunfa en la emisora XEW; Pedro Vargas, el Samurai, es famoso en toda la América de habla hispana; Ramón Armengol y Emilio Tuero hacen filmes de gran éxito popular.

Balderas, Garza y el Soldado llenan las plazas de toros y en los cines del D.F. se anuncia a Robert Taylor con Eleanor Powell en *Broadway Melody* y a los hermanos Marx en *Un día en las carreras*.

Por el contrario, el último filme de Dolores se lanza casi sin publicidad e incluso su participación en el mismo es minimizada respecto de su posición dentro del reparto original.

El cine Olimpia anuncia *El lancero espía* (*Lancer Spy*), poniendo el nombre de la estrella mexicana después del por entonces desconocido George Sanders y de Peter Lorre, quien se estaba haciendo popular gracias a la serie de aventuras de *Mr. Moto*.

Por el contrario, los negocios en Hollywood comenzaban a entrar en una fase de prosperidad, después de la dramática caída que se había producido durante los años de depresión, cuando la cifra de más de setecientos filmes anuales había bajado a poco más de quinientos.

Esta nueva situación favorable al cine se inicia lentamente en 1933, y en 1936 son rodadas quinientas sesenta y seis películas. Se consideró un signo de esperanza el hecho de que en 1937 el número subió un punto; quinientas sesenta y siete películas. "Vamos por buen camino", dijeron los magnates del cine; sin embargo no fue así, la cifra no se pudo sostener en los años siguientes. Mientras en Europa el negocio del cine adquiriría cada día mayor importancia, en el año que nos ocupa, Francia, Alemania e Inglaterra produjeron un total de cuatrocientas cincuenta y siete películas entre los tres países. Hollywood decide tomar la ofensiva importando los talentos europeos.

Para Dolores el año vino a significar un evidente signo de que su fama estaba declinando. De vuelta a Inglaterra firmó un contrato que la obligaba a intervenir en una película con una breve aparición, y a interpretar un filme en un año y otro al año siguiente. La película multiestelar se tituló *Ali Baba goes to town* y fue una idea de Darryl F. Zanuck, que cuatro años antes había fundado la Twentieth Century Fox. Zanuck quiso hacer un alarde de estrellas y contrató para breves apariciones un gran número de ellas, que debían rodear a la figura estelar de la historia: Eddie Cantor. Dolores aparecía al final de un reparto que incluyó a Shirley Temple, Tyrone Power, César Romero y Douglas Fairbanks, dirigidos por David Butler, un veterano que se había iniciado como actor hacia 1918.

Esta película, poco conocida, mereció la calificación de "algo mejor que pasable" por parte de Leonard Maltin (*Tv Movies*) cuando pasó por televisión en Estados Unidos.

Lancer Spy fue el segundo trabajo para la misma productora. Dolores tenía como pareja a George Sanders, con quien volvió a actuar

1937. *LANCER SPY*. DOLORES CON GEORGE SANDERS.

1938. *INTERNATIONAL SETTLEMENT*. DOLORES, CON GEORGE SANDERS, INICIA SU DESPEDIDA DE HOLLYWOOD.

al año siguiente. Era George un actor elegante, culto, que habiendo nacido en San Petersburgo se inició en el teatro y el cine en Inglaterra para pasar a Hollywood un año antes de lo que referimos y hacer una larga carrera. Junto con Dolores conformaba una pareja extraña; él era corpulento y evidentemente inglés a pesar de su cuna, y ella continuaba siendo una beldad latinoamericana.

Parece que hicieron una buena amistad a pesar de los argumentos de ambos filmes, flojos y sin ambición alguna. Para Sanders era su presentación ante la audiencia estadunidense y no tenía muchas opciones, mientras que para Dolores estos filmes cubrían el trabajo de un año, con un sueldo aún considerable.

El estreno de *Devil's playground* fue lanzado con más dinero en México, donde se estreno en el cine Palacio con el título de *La sirena del puerto*, desdichada forma de recordar el filme *La mujer del puerto* (1933), una excelente película mexicana dirigida por el ruso Arcady Boytler en la que había triunfado Andrea Palma, la prima de Dolores.

Los grandes anuncios en los periódicos no consiguieron atraer a mucho público y el Cine Palacio cambió su programación pasados siete días. Los textos de los desplegados decían: "La mimada estrella mexicana reaparece triunfalmente después de larga ausencia de nuestras pantallas."

Del filme afirmaban: "Titánica historia de los heroicos tripulantes de un submarino que encuentran horrible muerte por salvar a dos de sus compañeros."

Otros problemas mostraban el intento de los exhibidores por volver a colocar a Dolores

1937. *DEVIL'S PLAYGROUND* CON RICHARD DIX.

en la fama que había tenido en México. El primero de noviembre vuelve el productor Jesús Grovas de Nueva York y afirma que Tito Guízar, gracias al filme *Amapola del camino* es un éxito de público en Cuba y en "la urbe de hierro".

El día seis se inicia una campaña impresionante de publicidad para recibir a Lupe Vélez, que vuelve a México a interpretar *La Sandunga*. Páginas enteras de los diarios felicitan al cine nacional por el retorno de la estrella y numerosos artículos entusiastas se publican durante esos días. Rafael Solana dedica la plana entera de la tercera sección de *El Universal* para describir a la mujer que ha "conquistado el mundo entero".

La estación central ofrece el viernes 12 una de las recepciones más impresionantes que jamás se haya organizado a una estrella. La multitud aclama a Lupe y ella, desde la puerta del vagón en que viene, lanza un zapato a los admiradores, que pelean frenéticamente por él. El hecho de que el cine de México hubiera conseguido traer a Lupe para que hiciera una película fue manejado como un triunfo nacional y sin duda debió impresionar a Dolores cuando le llegaron las noticias de tan multitudinario recibimiento.

La Sandunga, dirigida por Fernando de Fuentes, que ya había conseguido un éxito con *Allá en el rancho grande* (1936), fue un filme divertido que atrajo mucho público a las taquillas.

Todo esto hacía vacilar a Dolores. Rafael Solana me comentó de aquella circunstancia: "Muchas personas le decían a Lolita que era el momento de volver e incluso exponían razones patrióticas. Pero lo cierto es que el cine nacional no podía pagar todavía los sueldos que, a pesar de todo, aún conseguía ella por cada una de sus películas. Sin embargo, el caso de Lupe, con toda seguridad, hizo mella en la mente de Lola, muy dada a estudiar los pros y los contras de todos los asuntos."

En Nueva York la historia del submarino se estrenó en el Globe, el día 12 de febrero de 1937, es decir casi un año antes de *Lancer Spy*.

LA DAMA DISTANTE (1938)

Han pasado los años en que la entonces jovencita mexicana jugaba a encandilar al público: la actual ya no ríe a carcajadas ni modela al borde de la alberca. Ahora Dolores se ha convertido en una bellísima dama distante. Frente al misterio que nos llega del norte, encarnado en Greta Garbo, es una delicada sonrisa dolorida que envía el sur de Hollywood. Durante estos años no es fácil encontrar una fotografía de Dolores en la que ría abiertamente. Una tristeza suave, recuperada de las fotos de extrema juventud, aparece en estos momentos. Tales testimonios ayudan al mito de la mujer inalcanzable, aun cuando su propia vida íntima nos diga que otro amor está a punto de alcanzarla.

Los meses en que no apareció en las pantallas de cine, el hogar fríamente inmaculado que le diseñó Cedric y su nuevo vestuario de líneas clásicas y ausente de adornos, parece haber creado una mujer distinta, al punto de que en las columnas de chismes sociales se le suele mencionar como una dama esnob y de un refinamiento exagerado. Esta época parece comprender el tiempo que media entre su distanciamiento de Cedric y su apasionado amor por Orson, que la devolvió a la vida agitada y conflictiva que ya conocía.

Las bromas periodísticas sobre esta nueva y sofisticada Dolores llegaron a un extremo molesto en la columna de Fred Othman, conocido por su cinismo y humor agresivo que no respetaba ni a las figuras más famosas.

Algunas de las observaciones sobre Dolores eran demasiado punzantes:

"La señora del Río se rasca la espalda con alas de mariposa."

"Dolores es tan etérea que duerme flotando en el aire."

"En las comidas que ofrece Dolores del Río ponen de primer plato tortilla de orquídeas."

La mexicana, molesta por este tipo de comentarios, llamó a Othman y lo invitó a comer. El actor Joseph Cotten, íntimo amigo y colaborador de Orson Welles, narra el incidente en su libro de memorias.

Dice que Dolores, apenas sentados a la mesa, le pidió a Fred que se sirviera una copa de néctar de un recipiente de terracota pompeyana. Después apareció un mayordomo con una enorme bandeja de plata en la que había "gardenias cubiertas de rocío". Ambos comieron las flores y cuando se levantaban de la mesa Dolores tomó una de las que habían quedado y reprochó al periodista que "se hubiera dejado lo mejor". Una forma elegante de responder a las bromas del reportero. Joseph Cotten escribió que, efectivamente, la actriz vivía envuelta en una "aura de exotismo que se diría surgido de la tierra de los sueños", pero aceptaba que mientras Dolores se acurrucaba bajo capas y capas de pieles, "en sus ojos negros brillaba la luz del buen humor y del deseo de vivir".

La aureola de dama exquisita aumentó con las confidencias de Orson a sus amigos; decía que Dolores jamás se ponía dos veces el mismo vestido y que su ropa interior la hacía una famosa tienda de Hollywood, toda ella "cosida a mano".

Cuando el periodista Chas de Cruz la visitó hacia el año 1931 encontró a una Dolores curiosamente infeliz, a pesar de llevar pocos meses de casada con Cedric.

Parece ser que le dijo a Chas: "una gran pena me impide ser feliz". Se refería a la muerte de Jaime del Río y a las murmuraciones que se habían levantado dentro y fuera de México.

Si hemos de aceptar la versión de Chas, ella se casa con Cedric "cediendo a sus súplicas". Después afirma Dolores que Cedric es un "compañero tierno y respetuoso". Pero que ella no ha conseguido olvidar la tragedia de su vida.

"Sabe dios que la culpa no la tiene Cedric, que hizo todo lo posible porque olvidara mi pena. Cuando estoy a su lado soy desazón sin límites, por una intensa desesperación".

Chas la encuentra cuando se dispone a jugar una partida de tenis con su marido, a quien la interrupción no hace gracia alguna. El reportero apoya la leyenda de la Dolores etérea que desplaza a la figura erótica que todos conocían.

"Nunca una mujer me pareció más etérea, más ingrávida, algo así como si no fuera... Su boca plegada en un rictus de tristeza contribuía a fomentar esa idea de inmaterialidad."

La lenta pero constante transformación de Dolores pasa por una serie de fases reconocibles que conviene distinguir: juventud; buena sociedad mexicana; influencia hispánica (Jaime del Río).

Llegada a Hollywood; la damita frívola (Edwin Carewe); reacción contra las modas que obligan; búsqueda de una imagen propia; elección personal de maquillaje y vestuario.

Abandono de la leyenda de su hispanidad; encuentro con los valores mexicanos elocuentemente mostrados en su nuevo hogar, en su nuevo vestuario (independencia).

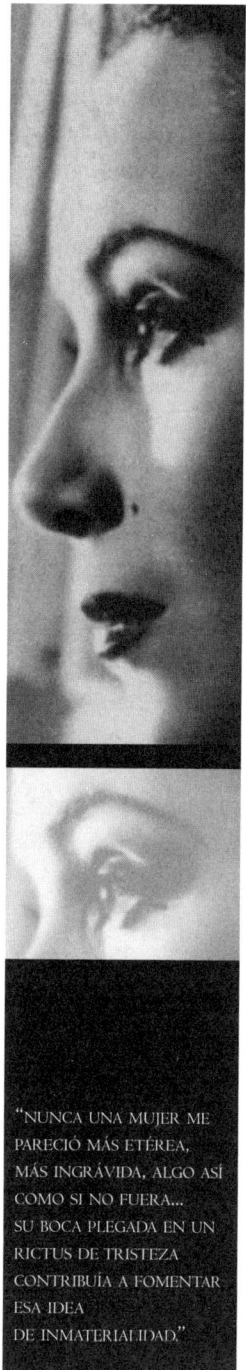

"NUNCA UNA MUJER ME PARECIÓ MÁS ETÉREA, MÁS INGRÁVIDA, ALGO ASÍ COMO SI NO FUERA... SU BOCA PLEGADA EN UN RICTUS DE TRISTEZA CONTRIBUÍA A FOMENTAR ESA IDEA DE INMATERIALIDAD."

Fase de adopción de la moda europea; viajes; ejercicio de la elegancia internacional.

Dama aristocrática; hogar sofisticado, disminución muy sensible del detalle mexicano (Cedric Gibbons).

Nueva ruptura; la mujer elegante, pero vital; rebelión (Orson Welles).

Retorno a México; nueva adopción de una mexicanidad elegante, digna y señorial. Salvador Novo elogiará cómo camina por su jardín visitando a las ranas, calzada con sandalias, con una túnica y una orquídea en el pelo. Aparición del rosa mexicano en su vida (Emilio "El Indio" Fernández).

MARLENE Y GRETA

Durante el año 1939 Dolores pareció despertar y salir de un largo trance doloroso; convertida en amiga íntima de Marlene Dietrich comenzó a ser vista en fiestas y cenas.

En un baile de disfraces organizado por el actor Basil Rathbone, Marlene y Dolores escandalizaron a la concurrencia apareciendo vestidas como una pareja de novios dispuestos para la boda; la austríaca llevaba un frac blanco y un sombrero de copa y la mexicana un vestido de novia.

Marlene, que acababa de votar por vez primera como ciudadana estadunidense, conocía los amores de Orson y su amiga y fue chaperona de los enamorados. Orson, años después, confe-

saba que salir con ambas bellezas a fiestas o espectáculos era un motivo de orgullo y presunción. De ahí nació una profunda amistad de Marlene con Welles, que se tradujo en una colaboración artística duradera; Orson la llamó en 1958 para que apareciera en su filme *Sombras del mal*.

Dolores y Marlene formaban una pareja curiosa, muy contrastada; mientras la delicada elegancia femenina de la mexicana era famosa, la Dietrich solía aparecer vestida con corbata, traje y sombrero de hombre.

Por otra parte, la cuidadosa discreción con la cual cubría a Marlene, quien se exhibía junto a elegantes y famosas lesbianas, como la escritora Mercedes D'Acosta, lo que no le impedía tener romances, siempre aireados por la prensa, con actores famosos.

La amistad de Dolores y Marlene se inició posiblemente a raíz de la boda de la primera con Cedric: ambas son mencionadas juntas por los columnistas de Hollywood y en el año 1936, el 11 de enero, la mexicana acompaña a su amiga en un doloroso trance. El día anterior había muerto John Gilbert, a quien Marlene había amado profundamente, y acudieron al funeral.

Un cronista las describe como "vestidas de negro y con evidentes muestras de haber llorado". No eran, sin embargo, las lágrimas muy visibles en aquellos días de regocijo. Una Dolores nueva, que salía de su segundo matrimonio como quien se despega de un mal negocio, había encontrado en el vigoroso y juvenil Orson un buen motivo de gozo.

Después de tres amores en los que Dolores parecía adoptar el papel de educada frente a un padre protector, el encuentro con Orson, mucho más joven, debió de aliviarla de esa tutela. En múltiples ocasiones Welles se refirió a Dolores como una mujer fascinante, que usaba ropa interior que la convertía en "una alucinación".

Marlene, divertida y confiable, fue una amiga y aliada en esos años de rejuvenecimiento.

Los Ángeles era un lugar aún pequeño, con 300 mil habitantes, y dentro de la ciudad de Hollywood se vivía en un régimen de vecindario, no resulta extraño, por ello, que se crearan fácilmente grupos afines y en algunos casos las amistades se interrelacionaran de forma muy estrecha, creando súbitos amores y amistades que bien podían terminar en drama.

Dolores, cuya afición por los vestidos elegantes y exclusivos la había hecho famosa, entra un día en una pequeña *boutique* prácticamente desconocida; allí no sólo descubre modelos muy bellos sino también a una diseñadora con una gran personalidad llamada Irene. Dolores e Irene se hacen amigas y la segunda se convierte en una celebridad abriendo una tienda exclusiva y creando vestidos para las estrellas. Dolores la presenta, también, a la familia Gibbons e Irene, que sólo unos años antes era la hija de un ranchero de Montana, pasa a ser una celebridad que cambia el vestuario de Greta Garbo y se casa con Elliot, hermano de Cedric. En 1962 esta mujer famosa se suicida tirándose por la ventana de un décimo piso. Ramón Novarro, primo de Dolores, hace en 1932 la película *Mata Hari* con Greta Garbo y se establece una gran amistad entre los dos, al punto de que el mexicano se convierte en la pareja de Greta, con la que solía retirarse a algunos lugares ocultos de la costa a descansar. Probablemente es el propio Ramón quien presenta a Greta con Dolores, hacia 1933. Él se encontraba, también, en la cúspide de la fama, pero ésta iría declinando hasta que en 1968 es asesinado por una pareja de homosexuales.

En cuanto a Mercedes D'Acosta, es quizá quien mejor representa la apertura de Hollywood a nuevos conceptos morales poco antes tenidos por escandalosos. Amiga de Marlene y de Greta, conoció a Dolores y creó modas y comportamientos más o menos aceptados por los vecinos de Los Ángeles. Autora de dos libros de poesía y dos obras de teatro, llega a Hollywood contratada como guionista y apoyada por su fama de mujer cosmopolita y brillante. Era famosa por su vestuario y por su conocimiento de los clásicos católicos y de las teorías religiosas orientales. Se decía de ella que era exótica y elegante.

Tanto Greta como Marlene y la propia Dolores eran mujeres provincianas al lado de esta mujer que entraba en los mejores restaurantes de Hollywood exhibiendo su sabiduría gastronómica y sus espectaculares atuendos.

Miss Acosta, miembro de una familia aristocrática de Nueva York descendiente de españoles, liberó de prejuicios a las mujeres que vivieron cerca de ella, imponiendo modas en ocasiones extravagantes y aun escandalosas para la época.

En el año 1964 Dolores del Río concedió una larga entrevista al reportero José Natividad Rosales, en la que opina de Greta Garbo, material que por lo singular merece ser reproducido exactamente:

"Hollywood, el de aquel tiempo, me quedó resumido en un hombre y una mujer: Rodolfo Valentino y Greta Garbo. Ella es la mujer más extraordinaria que, en el arte, haya cruzado por mi vida. Su ruta, en el recuerdo de todos, vuelve la memoria una página negra, porque pasa como una estrella en camino. Greta es la mujer más bella que haya conocido este siglo. Una rara mezcla de bondad y belleza, de espiritualidad y materia, de algo real y fantástico plantado en la tierra. Su hermosura le salía de dentro. Era como si tuviera diamantes en los huesos y su luz interior pugnara por salir por los poros. Lo que de enigmático tenía era como una nube frente al sol. Garbo no tenía una tristeza artificial ni maxfactorizada. Había tenido una niñez tremenda, había pasado hambre y frío, en el cuerpo y en el alma. Esto le había creado una enorme cantidad de timidez y de complejos. Nunca acudía a fiestas, no por pose o por truco publicitario, sino porque no le gustaban; tenía pavor de las personas. Pero bastaba verla llegar hacia uno, descendiendo una escalera, o moviendo un manto, para sentir el aleteo de la majestad auténtica. Garbo robó a muchas reinas la altiva figura real. Como soberana de ficción de un mundo todo fingido, caminaba sobre un pedestal. Tenía un natural desdén por lo mediano, por lo bajo, por lo espiritualmente pobre. Bastaba una de sus sonrisas para instalar la mañana. Mujer de tortura griega, tenía en la edad adulta el tormento perpetuo de su infancia."

Me es difícil concebir a Dolores del Río, siempre tan cauta y discreta, hablar de esta forma de otra mujer, pero aun restando lo que el típico entusiasmo de Rosales haya añadido a la declaración original, hay que aceptar un singularísimo cariño por la colega en el mundo del cine.

Dolores afirmaba que Greta había querido conocerla y que un día, sin anunciarse, se presentó en su casa. La Garbo, como la llamaba Dolores, era un año menor que ella y había pasado también por infortunios amorosos. Esta fue, con toda seguridad, una razón más para que se estableciera una amistad muy profunda.

Existe un documento, emocionante y ambiguo, que da noticia de ese afecto apasionado. Es un poema que Greta envía a Dolores y que ésta confió, tiempo después, a Manuel Ávila Camacho, quien lo facilitó para ser publicado en este trabajo.

Se trata de un texto de ocho líneas, escritas con tinta negra y firmado "Greta". Cinco líneas están escritas en un inglés deficiente y tres en un buen español. Las frases o los versos en castellano son descripciones de la belleza de Dolores:

"Tus ojos exóticos."

"Tus pómulos plenos de pasión."

"Tu boca cráter de palabras amorosas."

El mensaje se inicia con un "Muy querida Dolores" o "Dolores mi querida."

Greta Garbo fue llamada en su tiempo la esfinge. Este documento parece contradecir su famosa incapacidad para la emoción.

EL LEÓN (1940)
"LOS FILMES DEL LEÓN NO PUEDEN SER MÁS QUE DEL LEÓN."
FRASE PUBLICITARIA DE LA MGM

A pesar de la enorme influencia que Cedric tenía en la productora Metro Goldwyn Mayer, sorprende no sólo que Dolores del Río no haya sido contratada por tan impresionante fábrica de películas mientras duró el matrimonio, sino que la única en que intervino se produjera, justamente, cuando se divorciaba de Gibbons.

Conviene dar alguna noticia de la importancia extraordinaria que MGM tenía por entonces en la industria cinematográfica.

Fundada en 1924, pocos meses antes de la llegada de Dolores a Hollywood, fue el resultado de la unión de varias empresas que consiguieron la exclusiva de gran parte de las estrellas importantes del momento.

Al año siguiente produjo algunos de los filmes más prestigiosos del cine estadunidense y los que más dinero recaudaron, entre ellos *Ben Hur*.

Con la llegada a la MGM de un joven autoritario y talentoso, Irving Thalberg, la producción adquiere un prestigio de buen gusto junto con la exhibición de toda una impresionante serie de figuras rutilantes.

Las películas señaladas con la marca de la fábrica, un feroz león rugiente, salían al mercado ya en condiciones de favoritas. El trabajo de Cedric no sólo era el de diseñar los decorados, sino que funcionaba como un arquitecto de los mismos y un exigente esteta que intervenía también en el diseño del vestuario.

Las estrellas de la MGM cobraron sumas fabulosas por firmar sus contratos, aunque más tarde acusaron a la productora de haberlos tratado como esclavos interviniendo en sus vidas privadas.

La Academia, compleja asociación de cineastas que premia año con año a las mejores películas concedió desde 1927 (año de su fundación), hasta 1940, cuatro premios Oscar a la MGM, la mayor suma, seguida por RKO con dos Oscar y sólo un trofeo a Paramount, Universal, Wagner y United Artists.

Cuando al fin Dolores del Río firmó un contrato con la productora en la que su marido es figura importante, su matrimonio cruza por una grave crisis.

The man from Dakota (*El hombre de Dakota*) y también *La senda del odio* se estrenan en el mes de febrero de 1940 en el cine Criterium de Nueva York, y un mes más tarde Dolores de Gibbons presenta ante un juez su solicitud de divorcio.

El marido aparecía en los créditos como director de arte, junto con el decorador de los sets Malcolm Brown y Edwin B. Willis, diseñador de los vestidos de Dolores.

Ese año, el Oscar a la mejor actuación lo ganarían James Stewart y Ginger Rogers, y en 1941 el premio al mejor guión original sería para Orson Welles, cuya película *Citizen Kane* fue seguida, durante su filmación y metro a metro, por Dolores, sentada en un ángulo oscuro del set.

LA CRISIS

LA MALA BAILA PROVOCATIVAMENTE EN UN TUGURIO DE MALA MUERTE.

Durante mis largas conversaciones con Dolores, la estrella jamás intentó ocultar que en los años treinta pasó por una crisis. Solía decir que fue una "seria enfermedad".

Casada a los 27 años por segunda vez, viuda, divorciada de un hombre paternal pero de muy discutibles dotes como amante, ligada a un director de cine de temperamento muy fuerte y furiosamente celoso, este nuevo matrimonio parece un intento de establecer una vida apacible, mundana y señorial.

La propia Dolores aceptaba que a Cedric la unía un sentimiento de respeto y cariño, una especie de agradecimiento.

"Cuando me encontraba a su lado yo era una mujer tranquila, pero apenas estaba sola, desfallecía."

El matrimonio no es feliz y la crisis estalla; no he llegado a saber si Dolores se internó en un sanatorio para liberarse de una angustia que la solía embargar; pero lo que parece claro es que no vuelve a su vida alegre, extrovertida y compleja hasta que aparece un nuevo y escandaloso amor.

Cedric, "el inglés perfecto", va a tomar las cosas con calma.

En el mes de marzo de 1940 Dolores y Cedric presentan conjuntamente una solicitud de divorcio.

En algunas revistas estadunidenses especializadas se llegó a decir que la depresión de Dolores se inicia poco después del estreno de *La Mala* (*The Bad One*), por la que le pagaba la United Artists nueve mil dólares a la semana, un sueldo extraordinario para la época. La película, estrenada el 3 de junio en Nueva York, tuvo un mal recibimiento y un mes después anuncia Dolores su próxima boda.

Pero ni siquiera este matrimonio parece levantar el ánimo de la mexicana.

"No podía olvidar el drama de mi boda anterior." La frase no es sincera ni reveladora de toda la verdad. Su enamorado Edwin Carewe, tormentoso y despechado, acababa de reconciliarse con su ex esposa, de la que se había divorciado, y con quien contrajo nuevo matrimonio.

La transformación, sin embargo, no se puede ocultar.

Una cierta mirada desvalida, que ya conocíamos en la Dolores muchachita, vuelve a aparecer; la crisis debió ser profunda y a ella hay que añadir un descenso de popularidad en el cine. Una ojeada al calendario de los años treinta parece decir más que las escasas referencias de la actriz a un tiempo difícil.

1930. Final de año. Boda con Cedric Gibbons.

1931. Estreno de *La paloma*.

1932. Estreno de *Ave del paraíso*.

1933. Estreno de *Volando a Río*.

1934. Estreno de *Madame Du Barry*. El final del rodaje de este filme parece coincidir con una recuperación anímica.

Llevaba cuatro años de matrimonio y el cine le proponía un reto interesante: superar la interpretación del personaje histórico que había creado Pola Negri en 1919 dirigida por el gran Ernst Lubitsch.

1935. Estreno de *In caliente*. Estreno de *I live for love*. Estreno de *The widow from Monte Carlo*.

Al año siguiente firma un contrato para rodar en Inglaterra *Acusada*.

1937. Estreno de *The devil's playground*. Estreno de *Lancer Spy*.

1938. Estreno de *International settlement*.

Orson Welles afirma que en ese año se conocieron.

1939. No se estrena ningún filme de Dolores del Río.

1940. Se estrena *The man for Dakota*.

También es cierto que la fama de Dolores se había ido disolviendo gracias a una serie de películas desafortunadas en las que ya no era la figura esencial, sino una aportación para dar brillo al reparto. Incluso en aquellas películas en las que aparecía como la indiscutible estrella (*Madame Du Barry*) no había conseguido el éxito que pudiera esperarse.

Su decadencia a partir de 1936 (viaje a Inglaterra para filmar *Acussed*) no puede negarse.

Mientras otras estrellas se habían instalado en la preferencia de la taquilla, Dolores, en expresión del crítico Gabriel Ramírez, se había "convertido en un producto irrentable" para las grandes productoras.

A las mujeres bellas de inicio de los años veinte sucedían ahora rostros que se habían impuesto en el gusto de las audiencias en todo el mundo. La nómina hacia 1936 de las estrellas famosas es reveladora: Merle Oberon, Joan Fontaine, Loretta Young, Barbara

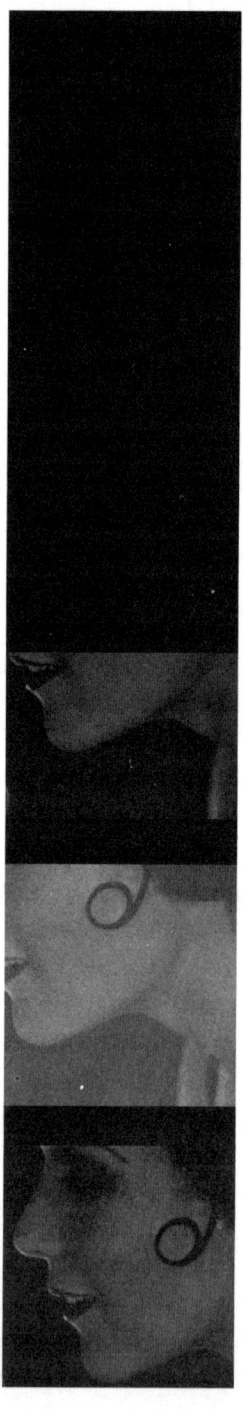

Stanwyck, Katherine Hepburn, Mirna Loy, Margaret Sullivan, Carole Lombard, Olivia de Havilland, Joan Blondell, Alice Faye, Doroty Lamour, Maureen O'Sullivan, Joan Bennet, Mary Astor, Ida Lupino, Carole Landis, Cludette Colbert, Ann Sheridan, Jena Arthur, Norma Shearer, Virginia Bruce, Betty Gable. Eran los rostros de los treinta, las nuevas aportaciones al cine que ofrecía la invencible taquilla de Hollywood.

En 1941 Greta Garbo hace su última película y en 1942 Dolores del Río abandona Hollywood.

En 1940 otro suceso dramático viene a interrumpir la felicidad que Orson había llevado a su vida. Sólo cuatro meses después de su solicitud de divorcio de Gibbons, muere su padre en Santa Mónica el 19 de julio, y la noticia aparece al día siguiente en los diarios de México. La nota en el diario *El Universal* se inserta en la sección de sociales con muy pocas líneas: "Ayer falleció en Santa Mónica, California, el señor Jesús L. Asúnsolo. A su lado se encontraba su esposa doña Antonia López de Asúnsolo y su hija, Dolores Asúnsolo de Gibbons. La noticia la recibió en el D.F. la señora Concepción Asúnsolo de Luján, hermana del difunto, casada con el licenciado José María Luján. Don Jesús fue enterrado en el cementerio de Santa Mónica." Mucha gente no acertó a saber que esa Dolores Asúnsolo de Gibbons era Dolores del Río hasta más tarde.

"La muerte de mi padre me destrozó. Fue un hombre esencial, definitivo, en mi vida."

LA VIDA CON EL GENIO

"YO VI NACER, METRO A METRO, *EL CIUDADANO KANE*."
DOLORES DEL RÍO.

Le costaba mucho trabajo hablar de Orson Welles, decía que era por respeto a su marido actual y por defender su intimidad. Pero el tema resultaba demasiado importante para que lo obviáramos; así que yo insistía.

Por otra parte, tuve oportunidad de hablar en el hotel Palace de Madrid con Orson, y de aquella entrevista salió alguna información sobre "la mexicana divina".

Solamente una grande e ingenua reverencia por la estrella y poco respeto por la verdad pueden negar uno de los momentos más apasionados de la vida de Dolores del Río. Cuando el 28 de septiembre de 1972 se estrenó

ORSON WELLES ACUDE A UNA PROYECCIÓN PREVIA AL ESTRENO DE SU PELÍCULA.

en el Canal Dos de televisión de México la película *Biografía,* interpretada y narrada por la propia Dolores (como director Guillermo Saldaña Azcárraga), con guión mío, la historia de los amores de la actriz con Welles hubo de ser mostrada de forma muy discreta; pero ya Dolores me había confiado que llegó a saber del proyecto de *El ciudadano Kane* estando una noche con Orson en la playa de Santa Anita.

"Él me contó que estaba escribiendo la biografía del magnate del periodismo William Randolph Hearst, a quien todo el mundo tenía miedo."

Si Dolores no se confundía, la reunión nocturna en la playa debió producirse antes de julio de 1940, y sabemos que entonces el guión de *El ciudadano Kane* ya estaba terminado y presentado a la llamada Junta de calificación. Por esa fecha el matrimonio de la estrella con Cedric aún no había sido anulado.

Mientras tenemos pocos documentos sobre la vida de Dolores del Río, abundan los materiales sobre Orson y él mismo se cuidó de propalar historias no siempre confiables. Pero aun aceptando que en estos amores tormentosos haya entrado la leyenda es imposible negarlos.

Partiendo, prácticamente, de los documentos sobre Orson que mencionan la relación con Dolores y desestimando aquellos datos que podrían ponerse en duda, cabe establecer un calendario de acontecimientos verosímiles.

Si se conocieron en California en 1938, como aseguraba Orson, es posible que coincidieran en Nueva York ese mismo año. Él estuvo filmando alrededor del mes de abril una película en 16 milímetros titulada *Too Much Johnson* (este material desapareció en Madrid en 1970 durante un incendio y jamás se exhibió en público y, por su parte, Dolores acudió al estreno, el 12 de febrero, de su película *Shangai deadline.*

En esa fecha Orson tenía veintitrés años, Dolores treinta y tres y Cedric cuarenta y tres.

En el mes de octubre todo el país se sacude ante la emisión radiofónica de *La guerra de los mundos,* que coloca a Orson en un primerísimo plano de actualidad.

Orson visita Hollywood durante 1939, según sabemos, y fue creando un serial de radio en el que era escritor, narrador y director.

En enero de 1940 los amores de Orson y Dolores son inocultables aun cuando ambos, que siguen estando casados, procuran ser sumamente discretos. Cuando Welles tiene que dejar Hollywood para irse a una reunión de negocios en Nueva York, los encontramos en dos dormitorios separados en el hotel Ambassador, en Park Avenue. A Dolores le acompañaba su madre, que según Orson era "una señora aristocrática".

En su biografía de Orson, la escritora Bárbara Leaming, quien está considerada una investigadora confiable, cuenta:

"A la sazón (1941) la hermosa y morena actriz mexicana que, según Orson Welles, nunca se ponía el mismo vestido dos veces, pensaba divorciarse de su segundo marido y quizás casarse con Orson. Pese a todo, los dos se cuidaban de llevar sus relaciones con la máxima discreción... aunque él había tenido fantasías eróticas respecto de Dolores desde la adolescencia."

Se refería Orson a la escena de *Ave del Paraíso* donde ella nada desnuda. Como el filme se estrenó en el año 1932, Orson debió ver la película a los diecisiete años.

Los trámites de los divorcios de Orson y Dolores, más el miedo a un escándalo si la historia llegaba a los reporteros, hizo que tomaran una serie de precauciones.

Por ese tiempo la actriz mexicana Lupita Tovar vivía con su esposo, el productor Konner en el 901 de Stone Cangon Road, en Los Ángeles, y Orson encontró un departamento muy cercano al hogar de su gran amigo Konner.

Lupita Tovar recuerda (Guadalajara, marzo 1993):

"Ellos tenían que ser muy cuidadosos, así que pocos sabíamos de la casa en que vivían juntos. Nos reuníamos los cuatro a ce-

DOLORES Y ORSON.

nar o a jugar a las cartas. Orson y mi marido se apreciaban mucho. Hablábamos de cine y también de los problemas que tenían ambos con los documentos de anulación de sus matrimonios. Tanto la casa en la que vivieron como la mía, en la que aún vivo, siguen existiendo."

El amor por Dolores lleva a Orson a intentar un filme que se titularía *Melodrama mexicano*, sobre una novela de Calder Marshall llamada *El camino de Santiago*, y el cual protagonizaría Lolita.

Orson viajó a México para conseguir patrocinio del gobierno mexicano, pero el filme, que trataba de una banda de nazis instalada en el país, le pareció escabroso a las autoridades.

En mayo Dolores se traslada a Nueva York para acompañar a Orson, el día primero, al estreno de *El ciudadano Kane*. "Fue una experiencia maravillosa. Todos sabíamos que era una obra maestra. Esperamos las críticas a la película y fueron muy buenas. Yo especialmente estaba feliz, muchas de las secuencias del filme las había visto rodar desde un ángulo discreto del set."

Los dos se desplazan a Chicago, donde el día 6 de mayo estaba prevista otra presentación del filme. Orson cumplía ese día veintisiete años y Dolores le compró un gran pastel con velas. Pero la exhibición resultó un fracaso, ya que no acudió público al cine.

Hacia el mes de julio de 1941 Orson y Joseph Cotten escriben para Dolores el guión de *Journey into fear*. Cotten pertenecía al grupo de actores que trabajaba íntimamente con Orson. El filme, que terminó dirigiendo Norman Foster, tenía un anhelo común: reunir a tres amigos en la pantalla: Lola, Joseph y Orson.

La película se estrenó, producida por la RKO Radio Pictures, en marzo de 1943 en Nueva York, pero el trío ya se había desintegrado.

Orson Welles se casa con Rita Hayworth y Dolores del Río vuelve a su país, México, para iniciar una nueva carrera.

LAS TAZAS DE TÉ

"APAGUE LA GRABADORA Y GUARDE LA PLUMA":
DOLORES DEL RÍO PIDE AL AUTOR.

Recuerdo muy bien esa tarde en la que hablamos de Orson Welles. Sin embargo, sólo semanas después pude reconstruir parte de la conversación, ya que Dolores no quiso que se quedara ningún documento testimonial de la velada.

La había encontrado en el jardín, junto a un ídolo prehispánico. Estaba vestida con una larga bata de color pastel y llevaba una pulsera que tintineaba al moverse. Esperé a entrar en la salita para hacerle la pregunta que jamás aparecería en la película:

—Dolores, ¿cómo era Orson Welles?

Fue cuando me contó que la ilusión de Orson era

hacer de Jesucristo. La idea me pareció disparatada y recuerdo que me reí. Tiempo después leí en el libro de Bárbara Leaming que, efectivamente, era uno de los proyectos del genio.

Dolores lo contaba sonriente, como si hablara de una ocurrencia infantil.

Supe que Orson había consultado sobre la vida de Jesús a muy altas autoridades de la iglesia.

—¿Cree usted que eso era cierto?

—Decía muchas mentiras. Algunas veces para divertir a quien le escuchara y otras para llegar a creerlas. Me pedía noticias sobre la religión en México. Quería saberlo todo. Yo creo que era sincero cuando pensaba en hacer la vida de Jesús. Pero con Orson nunca se sabía...

—¿Usted tenía conciencia de que *El Ciudadano Kane* era un filme extraordinario?

Dolores duda, había pasado mucho tiempo y no estaba muy segura de lo que pensaban ambos de aquella película cuando era filmada. Ella afirmaba que había seguido discretamente el rodaje, en los mismos foros; pero sólo cuando aparecieron las primeras críticas, en Nueva York, tuvieron ambos conciencia de que Orson había terminado una gran obra.

—Sin embargo, él tenía una gran seguridad en sí mismo. Parecía saber, según los documentos que nos han dejado otros testigos, que hacía algo nuevo en el cine. Distinto, incluso genial.

Y Dolores me confesó que Orson, en aquellos días, era sobre todo un joven lleno de dudas y de angustias.

—Necesitaba tener cerca a sus colaboradores. Al fotógrafo. A todo su equipo. Tenía miedo y por eso parecía un bravucón.

Otras preguntas y respuestas se perdieron en mi memoria.

SANTA, LA PATERNIDAD SOSPECHOSA

En el año 1991 se editó en México un libro titulado *La Santa* de Orson Welles, firmado por el crítico de cine David Ramón. El libro estaba patrocinado por Difusión cultural de la UNAM y algún otro organismo oficial.

La afirmación, que ya consta en el título del documento, de que Orson Welles escribió un guión de cine para Dolores del Río sobre la novela de Federico Gamboa titulada *Santa*, merece ser discutida seriamente: se basa en el hecho de que el crítico Ramón descubrió entre los papeles de Dolores un guión en inglés que tiene en la primera página, escrito con letra de Dolores, la palabra "Orson".

Bien sabemos lo muy estudiada que ha sido la obra de Welles, y en principio sorprende que ninguno de sus investigadores conozca ese trabajo. Pero hay, a mi juicio, otras ra-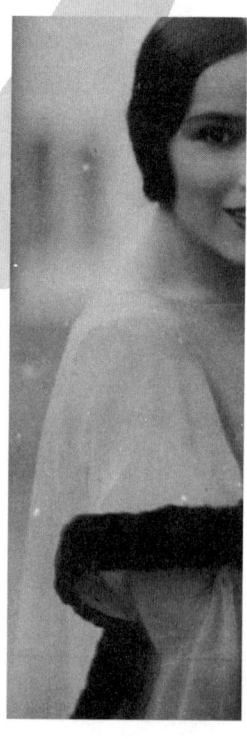

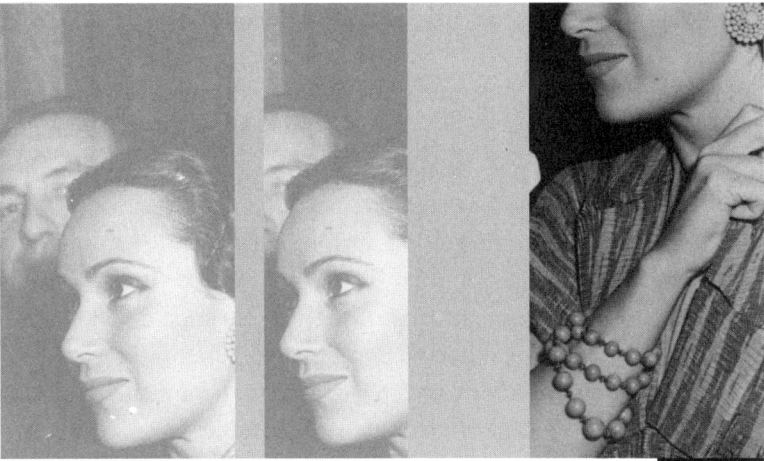

zones para dudar de lo que el libro afirma en su título, aun cuando ya en la página nueve parece reducir la intervención de Orson: "Como toda creación importante la escaleta y el rompimiento del guión de *Santa* que Orson escribió en 1940 es producto de la pasión amorosa."

Se entiende por escaleta, en la jerga del cine, una sucesión de ideas que establecen la base de lo que será un guión, y un rompimiento ha de ser la forma en que se inicia la escaleta, mientras que un guión es el tratamiento completo de un argumento para ser llevado al cine.

Pero ni aun aceptando que lo que Orson escribió fuera solamente un esbozo parece clara su participación en el proyecto de *Santa*.

El propio crítico, evidentemente un notable defensor de la honorabilidad de su amada Dolores del Río, cambia fechas y situaciones para rodear a la estrella de un halo de honestidad de cuento de hadas, cuando se trata de una mujer temperamental y apasionada. Por mi parte entiendo, y acaso sea el momento para declararlo, que los trabajos críticos sobre cualquier figura han de sujetarse más a la verdad comprobada que al panegírico.

Se dice en tal libro, por ejemplo que "Dolores estuvo en el proceso de creación del *El ciudadano Kane* y que Orson se divorció de Virginia Nicholson en el mes de febrero de 1940 para conocer a Dolores en el mes de marzo, cuando ella pide el divorcio.

Este ingenuo trabajo de reelaboración de la historia salvaría a una Dolores, aún casada, de tener relaciones con un hombre a su vez casado. La realidad, a través de múltiples testimonios que aquí fueron ofrecidos, niega esta piadosa mentira.

En cuanto al guión atribuido a Orson, el examen del mismo no resiste un examen crítico serio. Por lo pronto, el hecho de que Dolores haya escrito el nombre de su, por entonces, enamorado en una de las páginas, no confiere al documento ninguna paternidad. Es cierto que Orson acometió varios proyectos de filmes en los cuales Dolores sería la estrella. Hay noticias claras de estos trabajos, todos ellos fallidos, mientras que del supuesto guión de *Santa* escrito por Orson no hay noticia alguna.

De una carta a Dolores de Chano Urueta, el pintoresco director, fechada en octubre de 1940, se deduce que Orson dio consejos u opiniones acerca de un guión hecho sobre *Santa* escrito por el propio Chano: "Tú por un lado, poniendo las bases de tu amor a la obra sobre el terreno firme que marcan sus experiencias y tu clara inteligencia. Orson, por el otro, organizando con su visión genial los datos, las situaciones, los caracteres, la acción en creación."

A pesar de su entusiasmo, Chano nunca afirma que Orson haya escrito una línea, sino que "organizó" datos.

En otro pasaje de esta carta, Chano Urueta agradece a Dolores la "ayuda espiritual tan desinteresada como fecunda" que los amigos de la estrella, entre los que se encontraba Orson, le ofrecieron durante su viaje a Hollywood. Asombra, otra vez, que en el mes de octubre no se refiera al guión que supuestamente Orson Welles terminó en noviembre. Desconcierta, también, que un Orson por entonces colmado de ambiciones y de grandes proyectos, haya escrito un guión que parece pensado para un filme muy menor, en el que se busca el ahorro en escenografía. El Orson pretencioso, fantástico, despilfarrador, no parece ser el hombre que haya escrito lo siguiente: "Esta secuencia no requiere de un set especial, sino debiera realizarse en uno de los tres o cuatro interiores necesarios para las secuencias del burdel", o bien: "Lo indicado es muy poco escenario." Chano Urueta, acostumbrado a trabajar en condiciones económicas mínimas, sí parece el autor de estas sugerencias. No olvidemos que por entonces el cine nacional vivía una época de ahorro. Por eso, cuando se trata de mostrar "el mejor restaurante del D.F., el Tívoli", se señala que el "set no necesita ser muy extenso", o cuando los protagonistas entran en una iglesia, basta con mostrar "la base de una gigantesca columna".

Los productores de los filmes de Orson se asombrarían de su espíritu ahorrativo en este proyecto.

Creo, en fin, que todo se redujo a una reunión en Hollywood, donde Dolores presentó a Chano con varios amigos, entre los que se encontraba Orson, y que ellos dieron opiniones sobre el proyecto que llevaba ya escrito en inglés el director mexicano. En cuanto a Dolores, pienso que muy cautamente consiguió evadirse de tal filme. En 1943 Norman Foster, amigo de Orson, hizo en México una nueva versión de *Santa,* pero en los créditos no aparece que el supuesto guión de Welles haya sido usado, y en ninguna declaración que yo conozca de Norman Foster se hace referencia a ese supuesto trabajo.

De estos días en Hollywood tenemos noticias gracias a la mirada, cáustica pero inteligente, de un escritor francés que firmaba como Blaise Cendrars a pesar de llamarse Frédéric Sauser. Narra el clima de decadencia de la llamada "Meca del cine".

Entrevista, entre otros, al prestigioso Ernst Lubitsch, quien le confía que en el cine estadunidense sólo existen veintitrés "verdaderas estrellas" en las cuales puede confiar él como productor. Y añade: "Algunas ya están en declive."

Este número de figuras de la pantalla que pudieran considerarse como un seguro para las grandes inversiones, es mínimo si se considera los repartos extensísimos que cada filme exigía.

Desafortunadamente, ni Blaise ni Ernst nos dan la lista de estas confiables estrellas.

Otro informe que viene a sustentar la teoría de lo que llamaríamos "la baja en el mercado cinematográfico de Dolores" nos lo ofrece, en su libro de memorias, el puntilloso Archibaldo Burns, quien cuenta que cuando el productor mexicano Francisco de Paula Cabrera "pidió informes a una distribuidora estadunidense sobre los alcances de Dolores en la taquilla, la contestación cablegráfica fue cruel: Dolores del Río, *box office poison*. Es decir, es veneno para la taquilla".

ESTAMBUL (1942)

A finales de 1941 Dolores no había conseguido que se le concediera el divorcio de Cedric: parece ser que el despacho de abogados que llevaba su asunto perdió un documento o tardó en entregarlo. Esto retrasó el asunto.

Sabemos, por una lista de regalos que apareció entre los papeles de Welles, que éste le compró a ella una curiosa serie de obsequios para entregárselos en Navidad: un mantón bordado con palomas, una bata y unas zapatillas de cama, un juego de cepillos para el pelo y varios perfumes.

EL AMIGO ÍNTIMO DE ORSON WELLES (JOSEPH COTTEN) Y DOLORES, SE REÚNEN EN *ESTAMBUL*, PARA CREAR UNA PELÍCULA ININTELEGIBLE.

Sin embargo, el amor apasionado que había caracterizado los primeros tiempos ya se había enfriado. Orson tenía cada día una vida más compleja y prepara un viaje a Brasil al mismo tiempo que entrega al director Norman Foster el guión de *Estambul* (*Journey into fear*), que en principio parecía decidido a dirigir él mismo.

El 2 de febrero se rueda su última aparición en *Estambul* y termina la película *El cuarto mandamiento* casi en los mismos días. Sometido a un trabajo aniquilador, no tiene tiempo para Dolores, que llegó a confesar que sólo lo veía cuando coincidían en una escena ante las cámaras. Orson deja ambos filmes en otras manos, parte para Washington y luego para Río de Janeiro, donde pretendía iniciar una gran película "sobre toda América".

Dolores va a quedar rodando las últimas escenas de *Estambul* junto con Joseph Cotten, el gran amigo de su amante. La muy compleja relación que los ha llevado de una a otra parte, ocultando sus nombres por los hoteles, creando escándalos sociales y prometiendo trabajos en común que jamás llevarían a cabo, se termina.

Estambul, por otra parte, no será esa película que Orson había prometido tantas veces a Dolores, sino una historia mediocre que escrita aparentemente como homenaje a la mexicana por Cotten y Orson va a parar a las manos de un director poco afortunado, Norman Foster, quien termina por transformar el guión a su antojo, eliminando secuencias en las que debía aparecer Dolores. Welles, ansioso por abandonar *Estambul* se despide de sus amigos y de su enamorada de forma violenta. Lo que deja atrás, según Cotten, es un desastre.

De cualquier forma la historia se vengará, ya que en muchos libros sobre cine aparece su nombre como codirector de ese filme que suele mostrarse, en tales documentos, bajo tres títulos: *Estambul, Journey into fear* y *Jornadas de terror*, con el que se estrena en México el día 7 de enero de 1943, cuando en Hollywood ya se están vendiendo parte de las propiedades de Dolores.

Este desafortunado filme va a tener en 1975 una nueva versión, rodada en Canadá, por Daniel Mann, en la que Yvette Mimieux hace el papel escrito para Dolores.

El argumento de *Estambul* partía de una novela de Eric Ambler y sin duda estaba tocado por una de las obsesiones de Orson en aquellos años: la presencia de espías nazis fuera de Alemania. En un barco con destino a un lugar llamado Batumi se encuentran una serie de aventureros y personajes misteriosos, entre ellos un policía turco llamado Haki, que interpreta el propio Welles, y una mujer de mundo (Dolores del Río). La anécdota es tan misteriosa y compleja como el coronel Haki, hasta el punto de que el propio Joseph Cotten, afirmó que nunca había entendido bien el argumento. Sin duda, Norman Foster intervino en la versión final, haciendo aún más complejo el enredo.

En ese año, en algunos medios se llegó a decir que Orson y Dolores se habían casado; lo cierto es que Welles estuvo casado tres veces: con Virginia Nicholson (de 1934 hasta 1939), con Rita Hayworth (de 1943 hasta 1947), y con la condesa Paola Morri (de 1957 hasta 1967).

De la película nos ha quedado como curioso símbolo una fotografía en la que aparece Dolores con un sombrero o gorro hecho con piel de tigre y ajustado a la cabeza. No es precisamente un tocado que le vaya bien a la mexicana, quien lo recordaba, tiempo después, sin ninguna simpatía. Lo había diseñado, al igual que su ropa, Edward Stevenson.

La película, que curiosamente se estrenó primero en el D.F. y luego en Nueva York, fue recibida negativamente por la crítica mexicana.

Villaurrutia dijo que decepcionaba al espectador. "Su debilidad —escribió— reside en la oscuridad de la trama y en la falta de motivación de sus escenas."

Aceptaba que algunas caracterizaciones resultaban interesantes y señalaba el detalle de que el personaje del espía aparecía mientras sonaba un disco rayado. "He aquí un acierto que lleva la marca de la maestría."

El trabajo de Dolores era calificado como "sin relieve, más bien convencional". "Nada añade a su carrera cinematográfica esta intervención en el filme que señalamos."

Firmado por Cube Bonifant (Luz de Alba) se publicó una nota donde decía que el filme era "una jornada de tonterías" y aseguraba que "todo resultaba ilógico". En cuanto a Dolores, decía que su papel era completamente innecesario".

Cuando Eric Ambler, el autor de la novela sobre la que se había escrito el guión, vio la película, afirmó que le había entusiasmado, sobre todo porque no se parecía en nada a su historia original, con lo que bien podría volver a vender la novela.

LOS AÑOS TERRIBLES

Lola inicia 1940 con una serie de gestos que vienen a decirnos, una vez más, que por debajo de la dama apacible vive una mujer apasionada que no parece tener miedo a las consecuencias de sus actos más violentos.

Por lo pronto, abandona la elegante casa que le había diseñado y construido Cedric y lo deja solo con sus teorías estéticas y su fama de inglés imperturbable.

Dolores tiene en ese momento casi cuarenta años y el hombre que ama y que la ama, ha cumplido veinticinco.

Orson Welles sigue siendo el niño terrible que ya se anunciaba en la escuela, pero ha conseguido una fama y un prestigio enorme fuera y dentro de Hollywood.

El abandono de la mansión en donde se acumulaban pares de zapatos y colecciones de ropa interior, es más que un gesto apasionado, es también jugarse la propia vida, la fama y el prestigio junto a un ser enloquecidamente peligroso y que no parecía ser capaz de ganar el dinero que derrochaba a todas horas.

Los acontecimientos de estos tres primeros años de la década de los cuarenta no se entienden bien sin que se establezcan los hechos paso a paso.

En enero vive con Orson, pero intentando guardar las formas, la protege una madre vigilante y eficaz, también sus amigas, entre las cuales está Faye Wray, a quien *King Kong* había demostrado un tierno amor.

En enero se hace una proyección privada de la película *El ciudadano Kane*, que ella había visto filmar y que rodeaba de múltiples problemas a Orson Welles, acusado por la cadena de diarios de Hearst de haber contado la vida privada de su millonario jefe. En ese momento Hearst había enviado un mensaje a Orson anunciado que si la película se estrenaba él narraría, a través de sus columnistas, la vida privada del director, lo que era tanto como contar los amores extramatrimoniales de Dolores del Río. Esto significaba toda una guerra entre magnates, estrellas y otras gentes del cine, ya que la vida privada de Hollywood no era lo que se suele decir ejemplar. El propio Hearst tenía por querida muy amada a la actriz M. Davies, que había sido caricaturizada por Orson en su película.

De alguna forma, el enfrentamiento con Hearst parecía inquietar a todo Hollywood.

Febrero de 1940: recibe la noticia de que Edwin Carewe se ha suicidado.

Su apasionado ex amante tenía cincuenta y tres años y hacía mucho tiempo que no la veía.

Dolores debió recibir consternada tal nueva que venía, de alguna forma, a rodearla de un tétrico clima, ya que no podía olvidar los rumores de que su primer esposo también se había quitado la vida, los que se difundieron hasta convertirse en noticia.

Carewe, pienso, había acudido a su primera esposa en busca de establecer un vínculo menos tormentoso que el que Dolores le había ofrecido. Ignoro cómo se quitó la vida, pero estaba aún en una edad que prometía nuevas aventuras cinematográficas y también amorosas.

Mes de marzo. Dolores acude, acompañada de sus abogados, a plantear la petición de divorcio, que Cedric acepta de inmediato, sin duda enterado de que Dolores había encontrado un nuevo amor.

Viene a continuación una serie de viajes, encuentros más o menos clandestinos que se van reportando a través de notas sueltas en los periódicos hasta que aparecen en un teatro, en febrero de 1941, en Nueva York, donde se estrena la obra *Nature son,* dirigida por Welles y que la cadena Hearst se apresura a calificar de comunista.

La pareja vive en un hotel de Park Avenue, pero en cuartos separados. También Lola, desafiando una vez más a la opinión pública, lo acompaña a la exhibición de *El ciudadano Kane* en el mes de mayo de 1941 en la ciudad de Chicago donde Orson apaga las velas de su pastel de cumpleaños.

En 1942 Dolores interpreta la película *Estambul,* supuestamente escrita por Orson pero difícil de reconocer como obra suya; la dirige Norman Foster.

De pronto los amores sufren un súbito apagón. Ella va descubriendo que Orson aceptó un contrato para hacer una película en Brasil, no sólo para iniciar una nueva aventura cinematográfica sino para ir apagando los rescoldos de otra aventura amorosa.

Lola recibe regalos y cartas desde Río de Janeiro, pero también le informan sobre el comportamiento escandaloso de Welles con todo tipo de brasileñas.

De nuevo se derrumba una ilusión por la que había abandonado a su marido. El joven Orson, entonces de veintiséis años, retrasa mes tras mes su retorno a Hollywood y su comportamiento epistolar es cada vez más distante y frío, aun cuando siguió siendo cortés.

Es el momento en que Dolores del Río ha de tomar una decisión, después del último fracaso amoroso al que se añade otro fracaso: los últimos resultados en taquilla de sus más recientes películas.

Y surge la mujer de gestos valientes tan desconocidos por sus admiradores cinematográficos.

"Vuelvo a casa."

El año 1943 se inicia con esa determinación.

LA TAZA DE TÉ (FIN)

"NO ME SIENTO MAL, ESTOY ACOSTUMBRADA A LA PALABRA FIN."
DOLORES DEL RÍO

La última reunión en su casa fue para que ella leyera la definitiva versión del guión, al que todavía hizo cambios. Su marido vino con nosotros y se tomó un whisky.

Charlamos del rodaje y volvimos a hablar de Hollywood. Sobre una mesa baja tenía seis o siete álbumes de fotografías de sus filmes. Yo le dije que algunas de esas fotos acaso le vendrían bien al director de la película que se preparaba y ella, para mi asombro, me dijo que me podía llevar los álbumes siempre que prometiera devolverlos.

Los cargué feliz y los tuve en casa más de diez días; durante ese tiempo fueron la admiración de mis amigos. Uno de ellos, el poeta Ángel González, que pasaba un mes en México, quiso conocerla personalmente y lo llevé, más tarde, a una de las sesiones de doblaje. Al presentarlo, tuve un desliz:

–Dolores, le presento a un poeta que estuvo enamorado de usted.

Ángel intervino rápidamente: "Aún lo estoy, señora."

Dolores me reconvino con el dedo. "Usted, Taibo, no es un caballero." Yo me apresuré a decirle que, sin duda, yo la amaba más que nadie. No me atrevía a señalar, para no rebajar todavía más mi calidad de caballero, que mi amor partió de mi extrema juventud.

Y era cierto. Este libro es producto de mi manera de acercarme a lo que amo; una forma de llegar a la verdad de una vida, de entender al ser admirado, de aceptar que el amor da vueltas y vueltas y nos trae y nos lleva, tal y como le ocurrió a Dolores del Río.

Esta fue su vida en Hollywood durante los años en los que vivió y trabajó allí. No toda su vida, sino la parte que yo he podido indagar y conocer.

Pero nadie se descubre enteramente; sin duda, la zona más apasionada de esta mujer que tan cuidadosamente procuró ocultar su temperamento y sus amores, aún no se descubre.

Pero así fue la Dolores del Río que conocí.

Otros acaso prefieran inventarse una mujer distinta.

EL PASO DEL TIEMPO

Dolores del Río vivió diecisiete años en Hollywood, dentro de la industria cinematográfica; en ese tiempo se produjeron acontecimientos importantes que en mayor o menor grado influyeron en su vida.

Ésta es un relación, evidentemente sucinta, de tales hechos.

1925
Adolfo Hitler publica *Mi lucha*. En París se presentaban por vez primera los pintores surrealistas. En Estados Unidos se publica *El gran Gatsby*, de F. Scott Fitzgerald.
Fritz Lang rueda en Alemania *Metrópolis;* en la URSS hace Eisenstein *El acorazado Potemkin*; en Hollywood Chaplin estrena *La quimera del oro*.

1926
Kafka publica *El castillo*. Buster Keaton estrena en Hollywood *El general*. Niblo dirige *Ben Hur* con Ramón.

1927
Primera película sonora: *El cantante de jazz*. Lindberg atraviesa en avión los cielos del Atlántico. Primeros ensayos de la televisión. Estreno de *La marcha nupcial* de Erich von Stroheim en Hollywood.

1928
Alexander Fleming descubre la penicilina. George Gershwin compone *Un americano en París*. Bertold Brecht escribe *La ópera de tres centavos*. Francia: Luis Buñuel hace *Un perro andaluz*. Aparece el primer Mickey Mouse. Se funda la RKO.

1929
Estados Unidos: derrumbe de la bolsa de valores. Francia: se estrena *Los infantes terribles*, de Jean Cocteau. En Hollywood King Vidor dirige *Aleluya* y Mary Pickford gana el Oscar a la mejor actriz.

1930
Buñuel hace *La edad de oro*. Chaplin filma *Luces de la ciudad*. En Alemania Josef von Sternberg rueda *El ángel azul*, con Marlene Dietrich. En Hollywood Norma Shearer gana el Oscar.

1931
En Alemania: se estrena *M el maldito*, de Fritz Lang.
Segunda exposición surrealista en París. En Estados Unidos aparece *Santuario*, de William Faulkner. En México se rueda la película *Santa*.

1932
México: Serguei Eisenstein rueda *¡Que viva México!* España: *Tierra sin pan*, de Luis Buñuel. En Estados Unidos aparecen dos filmes importantes: *Freaks*, de Tod Browning, y *Scarface*, de Howard Hawks.

1933
Hitler toma el poder en Alemania. Lorca da a conocer *Bodas de sangre*. En México se estrena *El compadre Mendoza*, de Fernando Fuentes. En Estados Unidos: *King Kong*.

1934
En China se inicia la Larga Marcha de Mao. En Alemania se abren los primeros campos de concentración. Miller publica *Trópico de cáncer*. México; se estrena *Janitzio*, con "El Indio" Fernández.

1935
Italia ataca a Abisinia. Invención del radar. Descubren las sulfamidas. George Gershwin: *Porgy and Bess*. En Inglaterra se da a conocer Alfred Hitchcock. Charles Chaplin: *Tiempos modernos*. En México se estrena *Vámonos con Pancho Villa*, de Fernando de Fuentes.

1936
Guerra civil en España. En Hollywood aparecen las amables comedias de Frank Capra. En México se estrena *Allá en el Rancho Grande*.

1937
Malraux escribe *La esperanza*. Pablo Picasso pinta *Guernica*. En Inglaterra se estrena el primer largometraje en colores. Disney estrena Blanca Nieves. En Francia Jean Renoir estrena *La gran ilusión*.

1938
Alemania ocupa Austria, Italia y Albania. Exposición de arte abstracto en Holanda. Jean-Paul Sartre escribe *La náusea*. Eisenstein estrena *Alexander Nevski*.

1939
Se inicia la segunda guerra mundial. Muere Sigmund Freud. En Hollywood triunfa el cine del Oeste de John Ford.

1940
Se rinde Francia a Alemania. En México asesinan a León Trotsky. Ernest Hemingway escribe *Por quién doblan las campanas*. En México, Cantinflas actúa en *Ahí está el detalle*.

1941
Ataque a Pearl Harbor. Alemania ataca a la URSS. Se estrena *El halcón maltés*, de John Huston. Se estrena *El ciudadano Kane*, de Orson Welles. Se estrena *Qué verde era mi valle*, de John Ford. En México: *¡Ay, Jalisco, no te rajes!* de Joselito Rodríguez

1942
En Estados Unidos se construye la primera pila atómica. Exposición en Nueva York de arte abstracto y surrealista. Italia: Visconti hace *Obsesión*.

1943
Italia se rinde a los aliados. En México se estrena la primera película de María Félix: *El peñón de las ánimas*. Dolores del Río vuelve a su patria, ha cumplido treinta y nueve años.

ÍNDICE

Introducción	7
Welcome	9
La taza de té (I)	16
Durango 1904	19
Durango 1913	21
La capital en 1913	24
La taza de té (II)	27
El libro de la vida	31
Retrato de un caballero	35
La capital en 1921	39
La taza de té (III)	42
El cine en 1925	45
Johanna (1925)	51
La vida alegre	55
La taza de té (IV)	59
Viviendo ante las cámaras	62
Cuando la fama estalla (1926)	66
La guerra	71
La otra guerra	75
Anita Loos, inicio de una amistad	78
Carmen (1927)	82
El conde Ilia Tolstoi (1927)	88

El temperamento	95
El divorcio (1928)	98
La virgen del amazonas	106
La muerte de don Jaime (1928)	112
La taza de té (V)	115
Ramona (1928)	119
El año más largo	125
Un drama helado	129
El estilo Cedric	133
La taza de té (VI)	137
La RKO	141
La taza de té (VII)	144
Ha llegado la hora de bailar	148
El largo vuelo de la paloma	152
El ave desnuda (1932)	155
La historia del ave	159
Flying down to Rio	162
Wonder Bar (1933)	165
Muchacha	167
La peluca blanca (1935)	169
La dama distante (1938)	177
Marlene y Greta	181
El león (1940)	186
La crisis	188
La vida con el genio	192
Las tazas de té	196
Santa. La paternidad sospechosa	198
Estambul (1942)	202
Los años terribles	205
La taza de té (fin)	208
El paso del tiempo	211